PREFACE

The *Life of Aesop*, also known as the *Aesop Romance*, is a work of ancient Greek popular literature, a humorous, fictionalized account in the form of a prose narrative of the adventures of the renowned fabulist Aesop. It was composed around the second century of our era and so is approximately contemporary with the New Testament. Its language is the post-classical form of Greek known as *koine*, or "common (dialect)." The work is anonymous, at least as it has come down to us.

The text of the *Life of Aesop* was treated rather freely in the course of its transmission, leading to the development of different recensions, or versions. The most important of these are known in the scholarship as *Vita G* and *Vita W*. Although the former is superior in most respects, the latter preserves material that is not found in *Vita G*, so that to some extent the two recensions complement each other.

The *Life* is too long to be included in its entirety here. The present volume consists of selections from *Vita G* (Ch. 1-2, 4-11, 22-33, 44-74, 78-100, 124-140, 142) supplemented with an episode that is better preserved in *Vita W* (Ch. 75-76). The basic text is that of Perry (1952), but I have adopted many readings proposed by later scholars. The list that follows gives the main divergences from Perry's text together with their sources. Notice that F = Franco Ferrari, G = manuscript of *Vita G*, Papath = Manolis Papathomopoulos, and W = manuscripts of the *Vita W* tradition. Minor corrections and very minor modifications of Perry's text are not always noted.

My thanks to Richard Hamilton for accommodating the *Life of Aesop* in the Bryn Mawr series, Leslie Kurke for making suggestions about which chapters might be included and excluded, and the anonymous ancient author for giving us so lively and funny a work.

William Hansen
Indiana University
August, 2006

Main Divergences From Perry's Text

Ch. 1: σόρδος : λορδός (Stephanis)

Ch. 4: ἀνθρώπινον : ἄνθρωπον (Papademetriou)

τὴν σύνδενδρον : τι σύνδενδρον (F)

Ch. 6: [τῶν πέριξ δένδρων] : ἐκ τῶν πέριξ δένδρων (Papath)

κατέπνευσεν : κατέπνεεν (Papath)

<τῆς πέριξ ὕλης> : delete

πολύθρους : πολύθρηνος (Papath)

†ἔνδον...κλάδοι† : ἀηδών, συνεπῇδον ἐλαίας ἐμπαθούμενοι κλάδοι (Post)

ἀεροπετὴς : ἠεροπέτης (Papath)

Ch. 7: κατακάλλυμμα : κατακάλυμμα (Papath)

Ch. 8: ταχθὲν : τεχθὲν (G, as read by Papath)

Ch. 10: ἤνεγκεν [ὁ δὲ εἶπεν "οὐχί, δέσποτα, ἀλλὰ] <ἢ> : ἤνεγκεν;" ὁ δὲ εἶπεν "οὐχί, δέσποτα–." "ἀλλὰ (Papath)

[λέγει ὁ κύριος αὐτοῦ] : λέγει ὁ κύριος αὐτοῦ "ἤ τι τοιοῦτον;" (Papath)

Ch. 22: φόρῳ : φορείῳ (Papath)

ἀκούσασα : ἀκούσας (G)

ὑπηρέτησαι : ὑπηρετεῖσαι (Charitonidis)

Ch. 23: συστάναι : συνεστάναι (Charitonidis)

[ἢ πιστοῦται] : ἢ πιστοῦται (G)

κινηθέντα : κοινωθέντα (Blake)

Ch. 25: τί γὰρ λυποῦμαι; : τί γάρ; λυποῦμαι; (Shipp)

τί γὰρ ἐλυπεῖτο; : τί γάρ; ἐλυπεῖτο; (Shipp)

παρεκάτεροι : παρακάτεροι (G)

Ch. 26: [μηδέν...γένηται.] : μηδέν...γένηται (G)

οὗτος φεύγει ἑαυτῷ τι γένηται : οὗτος φεύγει ἐὰν ἑαυτῷ τι γένηται (Perry, app. crit.)

Αἴσωπος "ὅ τι πολλάκις : ὁ Αἴσωπος "ὅ τι; πολλάκις (Shipp)

Bryn Mawr Greek Commentaries

Anonymous
Life of Aesop

William Hansen

Thomas Library
Bryn Mawr College
Bryn Mawr, Pennsylvania

Copyright ©2008 by **Bryn Mawr Commentaries**

Manufactured in the United States of America
ISBN (10) 1-931019-024-5
(13) 9781931019040
Printed and distributed by
Bryn Mawr Commentaries
Thomas Library
Bryn Mawr College
101 North Merion Avenue
Bryn Mawr, PA 19010-2899

παραγενάμενος: παραγενάμενοι (Shipp), with Perry's two sentences treated as one

Ch. 28: καυματίνης : καυματινῆς (Shipp)

[καὶ τὰς ἀκοάς μου φράσσει] : καὶ τὰς ἐκροάς μου φράσσει (Papath)

Ch. 29: γυναικοκρατεῖ : γυναικοκρατεῖσαι (Charitonidis)

λάθομαι λέγων : ἀληθεύομαι λέγων· (Dölger)

Ch. 30: [ταῦτα ἑαυταῖς.] ἄλλη· "ἄλλη : ἄλλη ταῦτα αὐταῖς· "ἀλλ' ἡ...." (F)

ὑπὲρ τοῦ ἐγκωμίου ὃ εἶπας : ὑπὲρ οὗ τὸ ἐγκώμιον εἶπας (Perry, app. crit.)

ἡ μία συνετὴ οὖσα : ἡ μία γαμησείουσα (Shipp)

αὐτάς, κοράσια, τὰς Μούσας ὑμῶν; τί : αὐτάς; κοράσια, μὰ τὰς Μούσας ὑμῶν, τί (F)

Ch. 31: πορεύηται : πορεύσηται (Papath)

ῥήξας : ῥίξας (Dölger)

Αἴσωπε;" : Αἴσωπε." (Papath)

Ch. 32: γύναι, : γύναι· (Papath)

οὐ πράσσεις τὰ ἴδια : οὐ πράσσεις τὰ ἴδια· (Papath)

μή σοι δείξω : ἴδε μή σοι δείξω (Papath)

Ch. 33: ἀλαζονότερος : ἀλαζονικώτερος (Papath)

Ch. 44: εὔνουν : ἔννουν (Papademetriou)

Ch. 47: προετίθεντο : προετίθοντο (Dölger)

Ch. 50: ποῦ ἐστιν· : ποῦ ἐστιν; (Papath)

τί οὖν αὕτη σοι εὐνοεῖ; : τί οὖν; αὕτη σοι εὐνοεῖ; (Papath)

Ch. 52: πρὸς : †πρὸς† (F)

Ch. 56: προσεθέμην : προεθέμην (Papath)

τὴν τύχην : τὴν τύρχην (Papath)

Ch. 61: ἀνεπαύει : ἀνεπάη (Charitonidis)

Ch. 64: ἄρκει ἐμπαίζων μοι, λῆξον : ἀρκεῖ· ἐμπαίζων μοι λῆξον· (Papath)

Ch. 66: ἄνθρωπος : ἄνθρωπος εἷς (Papath)

Ch. 69: πανοῦργον : πανοῦργον τὸ ζῷον (F)

Ch. 70: τὸν δακτυλίσιον : τὸ δακτυλίδιον (Dölger)

Ch. 71: [τοῦ ὄχλου <ἐπὶ τὴν θέαν συνδραμόντος>] : τοῦ ὄχλου (G)

Ch. 72: ἐμπληρώσας : ἕνα πληρώσας (Papademetriou)
[ἄλλος προσομόλογον]. : ἄλλος· "προσομολογῶ." (Papath)

Ch. 73: ἥοκεν : ἧκεν (Dölger)

Ch. 74: ἐνόουν : ἐνενόουν (Dölger)

Ch. 76: ἀκούσασα : ἐρίσασα (Papath)
εὐγονεῖ : εὐτονεῖ (W)

Ch. 78: ἔπασχεν [ἠθύμη...λύσιν] : ἔπασχεν, ἠθύμει, ἐν ἀπορίᾳ καθειστήκει, ὅτι φιλόσοφος ὢν τὴν τῶν στοιχείων οὐχ εὕρισκεν λύσιν (Papath)
φρόνημα, : φρόνημα λαχών (F)

Ch. 79: ἐδράστερος : δραστήριος (Dölger)

Ch. 80: δόσιν." [τὸ χρυσίον καὶ χαριζομένου]. : δυσὶν τὸ χρυσίον καὶ χαριζομένου." (G)
λαβὼν : λαβὼν <καιρὸν> (Papath)

Ch. 81: ἀρχαιρεσίας γενομένης : ἀρχαιρεσίου γενομένου (Papath)
ἐξέπτα : ἐξέπτη (Papath)
καθεζομένου δὲ τοῦ Ξάνθου : καθεζομένου δὲ αὐτοῦ τῷ Ξάνθῳ (Perry, app. crit.)

Ch. 84: λόγου : λογικοῦ (Blake)

Ch. 85: ἀπὸ τοῦ σημείου : ἀποστῆναι τοῦ σημείου (Papath)

Ch. 87: τὸ τέρας...ἐν γυργάθῳ." : delete (G) [the passage is transferred from Ch. 88 to Ch. 87 by Perry; it should be returned, with a few minor changes, to Ch. 88, as laid out below]

Ch. 88: "ἄνδρες Σάμιοι, <τί σκώπτετε> ἀτενήσαντες εἰς ἐμέ; οὐχὶ τὴν ὄψιν δεῖ θεωρεῖν : "ἄνδρες Σάμιοι, †νοεῖν σχεδὸν ἑαυτούς† λέγετε ἀτενίσαντες εἰς ἐμέ." οἱ δὲ Σάμιοι εἶπον· "οὗτος τοῦτο τὸ σημεῖον δύναται διαλύσασθαι; τὸ τέρας τῆς ὄψεως αὐτοῦ· βάτραχός ἐστιν...ἐν γυργάθῳ;" Αἴσωπος λέγει· "οὐχὶ τὴν ὄψιν δεῖ θεωρεῖν (word-order is G's; F adds cruces to †νοεῖν σχεδὸν ἑαυτοὺς λέγεται†; Papath emends λέγεται to λέγετε)

iv

Ch. 89: <τῶν> εἰρημένων : τὴν εἰρημένην (F)

περίθητε : περιθῆτε (Charitonidis)

Ch. 92: δημοσίας : δημοσίων (G)

Ch. 94: ἐποίησεν : (Perry transposes ἐποίησεν from a position later in the sentence, after τὸ δὲ τέλος, to an earlier position, after ὁδὸν; restore G's word-order)

ἄλσει : ἐν ἄλσεσιν (Papath)

Ch. 95: ᾧ σὺ αὐτὸς καθοπλίζει, [ἐπειδὴ ἑτέρου] : ὡς μάτην σὺ αὐτοῖς καθοπλίσει, ἐπειδὴ (μάτην F; αὐτοῖς Papath; καθοπλίσει G)

Ch. 97: ἔδει δὲ οὖν ὑμᾶς <κατὰ> τὸν μῦθον : ἔδειξεν οὖν ὑμῖν ὁ μῦθος (Papath)

Ch. 98: ἐπιστήμη, [πάντες ἐξουσίαν ἔξουσιν] : ἐπιστήμῃ πάντα ἐξυγιάζεται (Papath)

Ch. 99: δύνασαι προσθῆναι : δύνασαί <τι> προσθεῖναι (Papath)

βλαστούς, οὔτε ἀκρέμονας : βλαστόν, οὔτε ἀκρεμόνα (Papath)

συμπαθὴς : συμπαθήσας (Papath)

πεισθῆναι : πεῖσαί τινα (Papath)

ἐν εὐτελεῖ δὲ σωματίῳ : ἐν εὐτελεῖ σωματίῳ δὲ (G)

φρενήρη : φρενήρως (Papath)

Ch. 100: Μνημοσύνην : αὐτὸν μνημόσυνον (Papath)

ὀργισθεὶς : ὠργίσθη (Papath)

Ch. 124: καὶ βιῶσαι : κἀκεῖ βιῶσαι (Papath)

εἰς Δελφοὺς : καὶ εἰς Δελφοὺς (Papath)

τὸ καταρχάς : τὸ κατ' ἀρχάς (Maas)

Ch. 125: φαύλην διάλυσιν : οὐ φαύλην διάνοιαν (Papath)

Ch. 127: παραδημοῦντες : παρεπιδημοῦντες (Papath)

ἐπὶ τὴν πύλην : ἐπὶ τὴν πύλην τῆς πόλεως (Papath)

ἀφυπνωκότα ἐπολέμουν : ἀφυπνωκότα (Papath)

καὶ <εἰς> τὰ σκεύη φέροντες : καὶ τὰ σκεύη φέροντα, ἄραντες (F)

Ch. 128: ἠρώτα τοὺς Δελφούς : ἠρώτα τοὺς Δελφούς ἀπολυθῆναι (Papath)

v

Ch. 129: συνεχομένη : λύπῃ συνεχομένη (Charitonidis)
ἀποτείνω : ἀποσείω (Charitonidis)
ὅτι : τί ὅτι (Papath)

Ch. 130: προστέτακεν : προτέτακεν (Charitonidis)

Ch. 131: ἐν τῇ τρυφῇ : αὐτὴν οἴφειν (αὐτὴν F; οἴφειν Charitonidis)
ἔξω καὶ ἔσω : ἔξω ἔσω (La Penna)

Ch. 134: [ἐν καιρῷ...λόγος.] : ἐν καιρῷ γὰρ τὴν ἀπεγνωσμένην δύναμιν ἐμφανεῖ καὶ ὁ λόγος οὗτος· (F)

Ch. 136: συνστρέψας : συστρέψας (Papath)
ὠά : ᾠά (Papath)
[καὶ] ἀπελθὼν : καὶ ἀπελθόντος (Papath)
ὠὸν : ᾠὰ (Papath)

Ch. 137: ὠά : ᾠά (Papath), throughout the chapter
ἵνα αὐτὰ : ἵνα μοι αὐτὰ (G)

Ch. 138: ἤσθετο : ᾔσθετο (Papath)

vi

THE LANGUAGE OF THE *LIFE OF AESOP*

Although the language of the *Life of Aesop* is not notably difficult to read, koine does differ in a number of ways from classical Greek. Some of the non-classical forms and syntax found in the text are owed probably not to the original author but to later copyists. The most important differences between classical Greek and koine are the following.

1. **Asyndeton.** Connectives in independent sentences are not employed as consistently as in classical Greek. Many sentences begin without a connective (= asyndeton).

2. **Diminutives.** Diminutive forms appear more commonly than in earlier Greek. For example, ὀνάριον (Ch. 59) < ὄνος "donkey." Diminutive forms are frequently indistinguishable in sense from the corresponding non-diminutive forms.

3. **Optative.** The optative mood is little used. A clause that in classical Greek would normally have its verb in the optative is most often expressed in another way, such as by the subjunctive. For example, μηδέν σοι τῶν ἀγαθῶν γένηται "may nothing good happen to you" (Ch. 10), instead of μηδέν σοι τῶν ἀγαθῶν γένοιτο.

4. **Parataxis.** Parataxis (independent clauses joined by coordinating connectives such as "and" or "but") is more common, and hypotaxis (the use of dependent clauses) less common, than in classical Greek. Participles are employed less frequently. For example, ἐφώνησεν αὐτὴν καὶ λέγει "he called her and says" (Ch. 45), instead of φωνήσας αὐτὴν λέγει.

5. **Vocabulary.** Frequently encountered differences between classical Greek and koine include the following.

(a) εἰς and ἐν. The complementary roles of the prepositions ἐν (+ dat.) "in, on" and εἰς (+ acc.) "into, onto" found in classical Greek are destabilized. The preposition εἰς can signify "in, on" as well as "into, onto"; for example, εἰς τὸ βαλανεῖον "in the bath" (Ch. 65), not "into the bath." Conversely, the preposition ἐν is found in phrases describing a change of state, such as ἐν τῇ φυλακῇ "into custody" (Ch. 65), not "in custody." On the whole εἰς gains at the expense of ἐν.

(b) **ἵνα**. In addition to introducing purpose clauses, as in classical Greek, ἵνα also introduces object clauses and result clauses. For example, τί γάρ μοι κακὸν ἐποίησεν ἵνα αὐτὸν ἀποκτείνω; "what harm has he done to me such that I should kill him?" (Ch. 11).

(c) **μή** and **οὐ**. The complementary roles of the negative particles οὐ and μή found in classical Greek are destabilized. The particle μή becomes relatively more common in koine, assuming some of the functions previously performed by οὐ. For example, μὴ εἰδώς "not knowing" (Ch. 4), instead of οὐκ εἰδώς. Conversely, οὐ is occasionally found in contexts in which μή is usual in the classical language, such as in the protasis of a conditional sentence. Thus, εἰ οὐ θέλεις "if you don't want" (Ch. 26), instead of εἰ μὴ θέλεις.

(d) **new words**. Numerous words and meanings of words are attested in the *Life of Aesop* for the first time in extant Greek literature. Among them are words borrowed from Latin, such as μάνδιξ "knapsack" (Ch. 4) from Latin *mantica*. Since the discovery of the manuscript of *Vita G* postdates the most recent edition of LSJ, many words and usages found in the *Life of Aesop* are not catalogued in LSJ, although some of them are included in the LSJ Supplement.

BIBLIOGRAPHY

Critical Editions

Ben E. Perry, ed. *Aesopica: A Series of Texts Relating to Aesop or Ascribed to him or Closely Connected with the Literary Tradition that Bears his Name.* Urbana: The University of Illinois Press, 1952. Critical editions of *Vita G* and *Vita W*.

Μανόλης Παπαθωμόπουλος, ed. Ο βίος τοῦ Αἰσώπου: παραλλαγή G. Ioannina: G. Tsoles, 1990. *Vita G* with Modern Greek translation.

Μανόλης Παπαθωμόπουλος, ed. Ο βίος τοῦ Αἰσώπου: παραλλαγή W. Athens: Papadema, 1999. *Vita W* with Modern Greek translation.

Franco Ferrari, ed. *Romanzo di Esopo.* 2nd ed. Milan: BUR, 2002. *Vita G* with Italian translation.

English Translations

Lawrence M. Wills. *The Quest of the Historical Gospel: Mark, John, and the Origins of the Gospel Genre.* London and New York: Routledge, 1997. Pp. 180-215.

William Hansen, ed. *Anthology of Ancient Greek Popular Literature.* Bloomington and Indianapolis: Indiana University Press, 1998. Pp. 106-162.

Scholarship

Niklas Holzberg. *The Ancient Fable: An Introduction.* Translated by Christine Jackson-Holzberg. Bloomington and London: Indiana University Press, 2002. Pp. 72-84.

ABBREVIATIONS

acc. = accusative

act. = active

adj. = adjective

aor. = aorist

class. = classical Greek, as opposed to later Greek such as koine

dat. = dative

decl. = declension

dir. = direct

fem. = feminine

fut. = future

dim. = diminutive

gen. = genitive

Host. = Winifred H. Hostetter. "A Linguistic Survey of the Vulgar Greek Life of Aesop." Unpublished dissertation, University of Illinois, 1955.

ind. = indicative

inf. = infinitive

LSJ Suppl. = H.G. Liddell and R. Scott. *Greek-English Lexicon: Revised Supplement*. Oxford: Clarendon Press, 1996.

LSJ = Liddell-Scott-Jones, *A Greek-English Lexicon*. 9th ed. Oxford: Clarendon Press, 1940.

masc. = masculine

mid. = middle

n. = neuter

nom. = nominative

pass. = passive

Perry *Addenda* = B. E. Perry. "Some Addenda to Liddell and Scott," *American Journal of Philology* 60 (1939) 29-40.

pers. = person

pf. = perfect

pl. = plural

pres. = present

sc. = scilicet ("of course"), i.e., "supply, understand"

Shipp = G.P. Shipp. "Notes on the Language of *Vita Aesopi* G," *Antichthon* 17 (1983) 96-106.

sing. = singular

Smyth = Herbert W. Smyth, *Greek Grammar*. Cambridge: Harvard University Press, 1959.

Soph. = E. A. Sophokles. *Greek Lexicon of the Roman and Byzantine Periods*. Cambridge MA: Harvard University Press; Leipzig: Otto Harrassowitz, 1914.

subj. = subjunctive

trans. = transitive

voc. = vocative

ΒΙΒΛΟΣ ΞΑΝΘΟΥ ΦΙΛΟΣΟΦΟΥ ΚΑΙ ΑΙΣΩΠΟΥ ΔΟΥΛΟΥ ΑΥΤΟΥ ΠΕΡΙ ΤΗΣ ΑΝΑΣΤΡΟΦΗΣ ΑΙΣΩΠΟΥ

Ch. 1 + first sentence of Ch. 2

1. Ὁ πάντα βιωφελέστατος Αἴσωπος, λογοποιός, τῇ μὲν τύχῃ ἦν δοῦλος,τῷ δὲ γένει Φρὺξ τῆς Φρυγίας· κακοπινὴς τὸ ἰδέσθαι, εἰς ὑπηρεσίαν σαπρός, προγάστωρ, προκέφαλος, σιμός, λορδός, μέλας, κολοβός, βλαισός, γαλιάγκων, στρεβλός, μυστάκων, προσημαῖνον ἁμάρτημα. πρὸς τούτοις ἐλάττωμα μεῖζον εἶχε τῆς ἀμορφίας τὴν ἀφωνίαν· ἦν δὲ καὶ νωδὸς καὶ οὐδὲν ἠδύνατο λαλεῖν.

2. Τοῦτον ὁ δεσπότης κατὰ πάντα σιγηλὸν ἔχων καὶ ἀποίητον τῇ πολιτικῇ ἐργασίᾳ, ἔπεμψεν εἰς τὸν ἀγρόν...

Ch. 4 (first sentence omitted) - Ch. 11

4. [...] σκάπτοντος δὲ τοῦ Αἰσώπου εἰς τὸν ἀγρὸν ἔτυχεν ἱεροφόρον τῆς Ἴσιδος πλανηθῆναι τῆς δημοσίας ὁδοῦ εἴς τε τὸν ἀγρὸν εἰσελθεῖν, ὅπου συνέβη τὸν Αἴσωπον σκάπτειν. ἰδοῦσα δὲ αὐτὸν μοχθηρῶς τὸ ἔργον ἐπιτελοῦντα, καὶ τὴν περὶ αὐτοῦ ἀγνοοῦσα τύχην, φησίν "ἄνθρωπε, εἰ κάτοιδας ἐλεᾶν τὰς θνητὰς ψυχάς, πεπλανημένῃ μοι δεῖξον τὴν ὁδόν, τὴν εἰς τὴν πόλιν εἰσάγουσαν." ἐπιστραφεὶς δὲ ὁ Αἴσωπος καὶ θεασάμενος τὸ τῆς θεοῦ σχῆμα ἄνθρωπον περικείμενον, θεοσεβὴς ὑπάρχων προσεκύνησεν καὶ ἤρξατο διανεύειν καὶ δηλοῖν "διὰ τί ἀπολιποῦσα τὴν δημοσίαν ὁδὸν εἰς τοῦτο τὸ κτῆμα εἰσελήλυθας;" ἡ δὲ νοήσασα ὅτι ἀκούει μέν, λαλεῖν δὲ οὐ δύναται, ἤρξατο αὐτῷ νεύειν, ἅμα δὲ καὶ λαλεῖν· "ξένη εἰμὶ τῶν τόπων τούτων· ὡς δὲ ὁρᾷς ἱεροφόρος εἰμί. μὴ εἰδὼς δέομαί σου, ἐπεὶ πεπλάνημαι, ὑπόδειξόν μοι τὴν ὁδόν." ἀναλαβόμενος δὲ τὴν ξοΐδα ὁ Αἴσωπος, ἐν ᾗ ἔσκαπτεν, ἐπιλαμβάνεται τῆς χειρὸς αὐτῆς καὶ ἤγαγεν ἐπί τι σύνδενδρον καὶ προέθηκεν ἐκ τοῦ μάνδικος ἄρτον καὶ ἐλαίας, καὶ ἄγρια λάχανα ἀποκείρας ἐκόμισεν· ἠνάγκασεν

δὲ αὐτὴν μεταλαβεῖν τροφῆς. ἡ δὲ μετέλαβεν. ἀγαγὼν δὲ αὐτὴν εἴς τινα πηγὴν ὕδατος ἔδειξεν αὐτῇ, εἰ καὶ τούτου θέλει μεταλαβεῖν. ἡ δὲ τροφῆς καὶ ποτοῦ μεταλαβοῦσα τὰ κάλλιστα ηὔχετο τῷ Αἰσώπῳ. καὶ πάλιν δεομένη ἐνένευεν τελείαν τὴν χάριν ποιῆσαι καὶ τὴν ὁδὸν δεῖξαι. ὁ δὲ ἤγαγεν αὐτὴν ἐπὶ τὴν λεωφόρον ὁδὸν τὴν ἁμαξευομένην καὶ δείξας ἀπέστη, καὶ περὶ τὸ ἔργον εἶχεν τὸν νοῦν.

5. ἡ δὲ ἱεροφόρος τῆς Ἴσιδος πάλιν τῆς ὁδοῦ λαβοῦσα καὶ μνησθεῖσα τῆς τοῦ Αἰσώπου φιλοφροσύνης, ἐπάρασα τὰς χεῖρας εἰς τὸν οὐρανὸν εἶπεν "διάδημα τῆς ὅλης οἰκουμένης, Ἴσι μυριώνυμε, ἐλέησον τόνδε τὸν ἐργάτην, τὸν κακοπαθοῦντα, τὸν εὐσεβῆ, ἀνθ' ὧν εὐσέβησεν, οὐκ εἰς ἐμέ, δέσποινα, ἀλλ' εἰς τὸ σὸν σχῆμα. καὶ εἰ μὴ πολυτάλαντον τὸν βίον αὐτοῦ διορθώσασθαι βούλει, ὃν ἄλλοι θεοὶ ἀφῄρηνται, τὸ γοῦν λαλεῖν αὐτῷ χάρισαι· δυνατὴ γὰρ σὺ καὶ τὰ ἐν σκότει πεπτωκότα πάλιν εἰς φῶς προελέσθαι." εὐξαμένης δὲ ταῦτα τῆς ἱεροφόρου ἡ Ἶσις, ἡ κυρία, ὑπήκουσεν· ταχὺ γὰρ ὁ περὶ εὐσεβείας λόγος εἰς τὰς τῶν θεῶν ἀκοὰς καταντᾷ.

6. Ὁ δὲ Αἴσωπος, σφοδροῦ καύματος ὄντος, εἶπεν πρὸς ἑαυτόν "δύο ὥρας ἔχω ἀπὸ τοῦ προστάτου εἰς ἀνάπαυσιν· κοιμηθήσομαι τὰς τοῦ καύματος ταύτας." ἐπιλεξάμενος δέ τινα τόπον τοῦ κτήματος εὐθαλέστερον καὶ ἀπαρενόχλητον, δενδρώδη καὶ κατάσκιον, εἰς ὃν χλοερᾶς βοτάνης παμποίκιλον ἄνθος ἐπηύξανεν· καὶ διὰ τὴν παρακειμένην ὕλην καὶ λιβάδα τὸν τόπον κατέλιξεν, Αἴσωπος ταῖς βοτάναις προσκλίνας καὶ τῇ γῇ προσβαλὼν τὴν δίκελλαν, τὸν μάνδικα καὶ τὴν μηλωτὴν πρὸς κεφαλὴν θέμενος, ἀνεπαύετο. ἔνθα ἐκ τῶν πέριξ δένδρων ὁ ποταμὸς ἤχει· καὶ μαλακοῦ πνεύματος ὄντος Ζεφύρου, τὰ χλοερὰ τιναχθέντα φυτὰ κατέπνεεν αὔραν ἡδέαν καὶ προσηνῆ. καὶ πολὺς ἐπὶ κλάδοις ἐτερετίζετο τέττιξ, καὶ ποικίλων ὀρνέων καὶ πολυνόμων ἤχει τὸ θρύλημα. ὅπου μὲν γὰρ ἦν καὶ πολύθρηνος ἀηδών, συνεπῇδον ἐλαίας

ἐμπαθούμενοι κλάδοι, ἐπὶ δὲ λεπτοτάτης πίτυος ὁρμὴ
ἠεροπέτης ἀπεδίδου μίμημα κοσσύφου· καὶ μιγνυμένη
συνῳδὸς ἡ φωνόμιμος ἅμα πᾶσι κατέκραζεν ἠχώ. αὐτὸ δὲ
τὸ κεκραμένον ἐξ ἁπάντων εὐμελὲς ψιθύρισμα. ἐφ' ὧν
ψυχαγωγούμενος ὁ Αἴσωπος εἰς ἡδὺν ὕπνον κατήγετο.

7. ἐνταῦθα δὴ ἡ θεός, ἡ κυρία Ἶσις, παραγίνεται ἅμα
ταῖς ἐννέα Μούσαις, εἶτα ἔφη "ὁρᾶτε, θυγατέρες,
εὐσεβείας κατακάλυμμα, τὸν ἄνθρωπον τοῦτον,
πεπλασμένον μὲν ἀμόρφως, νικῶντα δὲ εἰς εὐσέβειαν
πάντα ψόγον· οὗτός ποτε τὴν ἐμὴν διάκονον
πεπλανημένην ὡδήγησεν· πάρειμι δὲ σὺν ὑμῖν
ἀνταμείψασθαι τὸν ἄνθρωπον. ἐγὼ μὲν οὖν τὴν φωνὴν
ἀποκαθίστημι, ὑμεῖς δὲ τῇ φωνῇ τὸν ἄριστον χαρίσασθε
λόγον." εἰποῦσα δὲ ταῦτα καὶ τὸ τραχὺ τῆς γλώττης
ἀποτεμοῦσα, τὸ κωλῦον αὐτὸν λαλεῖν, αὐτὴ δὴ ἡ Ἶσις
ἐχαρίσατο τὴν φωνήν, ἔπεισεν δὲ καὶ τὰς λοιπὰς Μούσας
ἑκάστην τι τῆς ἰδίας δωρεᾶς χαρίσασθαι. αἱ δὲ ἐχαρίσαντο
λόγων εὕρεμα καὶ μύθων Ἑλληνικῶν πλοκὴν καὶ ποιήσεις.
κατευξαμένη δὲ ἡ θεὸς ὅπως ἔνδοξος γένηται, εἰς ἑαυτὴν
ἐχώρησεν. καὶ αἱ Μοῦσαι δέ, ἑκάστη τὸ ἴδιον χαρισάμεναι,
εἰς τὸ Ἑλικῶνα ἀνέβησαν ὄρος.

8. ὁ δὲ Αἴσωπος αὐτὸ τὸ τεχθὲν ὑπὸ τῆς φύσεως
ὑπνώσας διεγέρθη καί φησιν "οὐᾶ, ἡδέως ὕπνωσα." καὶ τὰ
βλεπόμενα ὀνομάζων—δίκελλα, πήρα, μηλωτή, μάνδιξ,
βοῦς, ὄνος, πρόβατον—"λαλῶ," ἔφη, "μὰ τὰς Μούσας.
πόθεν ἔλαβον τὸ λαλεῖν; πόθεν; νενόηκα πάντως ἀνθ' ὧν
εὐσέβησα εἰς τὴν ἱεροφόρον τῆς Ἴσιδος. ὥστε καλόν ἐστιν
εὐσεβεῖν. προσδέχομαι οὖν ἀπὸ θεῶν λήψεσθαι χρηστὰς
ἐλπίδας."

9. Περιχαρὴς δὲ γενάμενος καὶ πάλιν ἀνελόμενος τὴν
δίκελλαν ἤρξατο σκάπτειν. ὁ δὲ τῶν ἀγρῶν προστάτης
ἐπεισελθὼν εἰς τοὺς ἐργάτας ἕνα τῶν τοῦ Αἰσώπου
συνεργῶν ῥάβδῳ κατέξανεν. ὁ δὲ Αἴσωπος οὐκέτι

δυνάμενος ἑαυτοῦ κρατεῖν, φησίν "ἄνθρωπε, τὸν μηδὲν ἀδικήσαντα τί οὕτως αἰκίζεις πικρῶς καὶ τύπτεις ἀφειδῶς, σὺ καθ' ἑκάστην ὥραν πλεῖστα ἀδικήματα ποιῶν καὶ ὑπὸ μηδενὸς τυπτόμενος;" ὁ δὲ Ζηνᾶς πρὸς ἑαυτὸν εἶπεν "τί ἐστιν τοῦτο; ὁ Αἴσωπος λαλεῖ; μὰ τοὺς θεούς, ἀρξάμενος λαλεῖν πρὸς οὐδένα κέκρουκεν εἰ μὴ πρὸς ἐμὲ τὸν λαλοῦντα αὐτῷ καὶ ἐπιτάσσοντα. τοῦτον ἐγὼ ἐὰν μὴ κατηγορήσω προφάσει, ἀποστῆσαί με ἔχει τῆς οἰκονομίας· ὅτε γὰρ ἔτι νωδὸς ἦν διένευέν μοι ὅτι 'ἐὰν ἔλθῃ ὁ δεσπότης μου μεταστήσω σε τῆς οἰκονομίας· κατηγορήσω γάρ σου διὰ τῶν νευμάτων.' εἰ οὖν νεύμασιν ἐπηγγείλατο, πολλῷ μᾶλλον λαλῶν πείσει. προλαβεῖν οὖν καλόν ἐστιν."

10. καθίσας οὖν ἵππῳ ῥόθιος ἐφέρετο εἰς τὴν πόλιν. παραγενάμενος δὲ εἰς τὴν τοῦ δεσπότου οἰκίαν ἀφήλατο τοῦ ἵππου· ἅψας δὲ τὸν ἱμάντα ἀπὸ τοῦ κρίκου τοῦ πυλῶνος, εἰσελθὼν εἰς τὴν οἰκίαν καὶ εὑρὼν τὸν δεσπότην, φησίν "δέσποτα—" ὁ δὲ ἔφη "Ζηνᾶ, τί εἶ τεταραγμένος;" ὁ δὲ Ζηνᾶς ἔφη "τερατῶδές τι πρᾶγμα συνέβη ἐν τῷ κτήματί σου." ὁ δὲ λέγει "μή τι δένδρον πάρωρον καρπὸν ἤνεγκεν;" ὁ δὲ εἶπεν "οὐχί, δέσποτα—." "ἀλλὰ τετράπουν ἀνθρωπόμορφόν τι ἐγέννησεν;" λέγει ὁ κύριος αὐτοῦ "ἤ τι τοιοῦτον;" Ζηνᾶς λέγει "οὐχί, δέσποτα." ὁ δέ· "τί οὖν νομίζεις τερατῶδες εἶναι; ἀπάγγειλόν μοι τἀληθῆ." ὁ δὲ Ζηνᾶς εἶπεν "Αἴσωπος ὁ σαπρός, ὃν ἀπέπεμψω εἰς τὸν ἀγρὸν σκάπτειν, ὁ προγάστωρ—" ὁ δὲ κύριος· "τί τέτοκεν;" ὁ δέ· "οὔ τι τοιοῦτον, ἀλλὰ νωδὸς ὢν ἐλάλησεν." ὁ δεσπότης· "μηδέν σοι τῶν ἀγαθῶν γένηται. τοῦτο νομίζεις τερατῶδες εἶναι;" Ζηνᾶς· "ναί, καὶ μάλα." ὁ δεσπότης· "διὰ τί; εἰ οἱ θεοὶ χολωθέντες ἀνθρώπῳ πρὸς ὀλίγον χρόνον ἀφείλαντο τὴν φωνὴν αὐτοῦ, νῦν δὲ πάλιν καταλλαγέντες ἐχαρίσαντο, ὅπερ καὶ ἐγενήθη, τερατῶδες εἶναι νομίζεις;" Ζηνᾶς· "ναί, δέσποτα· λαλεῖν γὰρ ἀρξάμενος πάντα ὑπὲρ ἀνθρωπίνην φύσιν φθέγγεται· καὶ εἰς ἐμὲ μεγάλως βλασφημεῖ καὶ εἰς σέ, ἅτινα οὔτε αἱ ἀκοαί μου φέρουσιν ἀκούειν."

Life of Aesop 5

11. ὁ δὲ κινηθεὶς λέγει τῷ Ζηνᾷ "πορεύου, πώλησον αὐτόν." ὁ δὲ Ζηνᾶς· "παίζεις, δέσποτα; οὐκ οἶδας αὐτοῦ τὴν ἀμορφίαν; τίς αὐτὸν θελήσει ἀγοράσαι καὶ κυνοκέφαλον ἀντὶ ἀνθρώπου ἔχειν;" ὁ δεσπότης· "ἄπελθε τοιγαροῦν, χάρισαι αὐτόν τινι. εἰ δὲ μηδεὶς θέλει λαβεῖν αὐτόν, δέρων ἀπόκτεινον αὐτόν." ὁ δὲ Ζηνᾶς τὴν ἐξουσίαν αὐτοῦ λαβὼν κατὰ πάντα τρόπον πάλιν ἁλλόμενος τῷ ἵππῳ παρεγένετο ἐπὶ τὸ κτῆμα. καί φησιν πρὸς ἑαυτὸν ὁ Ζηνᾶς· "ἔδωκέν μοι κατὰ πάντα ὁ δεσπότης τὴν ἐξουσίαν κατὰ τοῦ Αἰσώπου, πωλῆσαι, χαρίσασθαι, φονεῦσαι. τί γάρ μοι κακὸν ἐποίησεν ἵνα αὐτὸν ἀποκτείνω; πωλήσω αὐτόν." τοιγαροῦν τῷ Αἰσώπῳ πάντα ὑπηρετεῖτο τὰ ὑπὸ τῶν θεῶν δωρηθέντα αὐτῷ.

Chs. 22-33

22. Ἔτυχεν δὲ τὴν γυναῖκα τοῦ Ξάνθου φορείῳ βασταζομένην ἐκεῖνον τὸν τόπον διαβαίνειν. ἀκούσας δὲ τοῦ κήρυκος παρεγένετο εἰς τὴν οἰκίαν καὶ περιτυχοῦσα τῷ ἀνδρὶ λέγει; "ἄνερ, οὐ πολλὰ ἔχομεν ἀρρενικὰ σωμάτια, ἀλλὰ τὰ πλείονα ὑπὸ τῶν ἐμῶν παιδαρίων ὑπηρετεῖσαι. εὐκαίρως σωμάτια κηρύσσονται· παρελθὼν εἰς διακονίαν καθαρόν μοι σωμάτιον ἀγόρασον." ὁ δὲ Ξάνθος "ποιήσω" φησίν. καὶ προσελθὼν ὁ Ξάνθος καὶ τοὺς σχολαστικοὺς ἀσπασάμενος, καὶ ὀλίγα φιλολογήσας, ἐξῆλθεν τῆς μελέτης καὶ τοὺς μαθητὰς ἐπαγόμενος ἦλθεν σὺν αὐτοῖς εἰς τὴν ἀγοράν.

23. θεασάμενος δὲ πόρρωθεν τοὺς μὲν δύο εὐπρεπεῖς τὸν δὲ ἕνα σαπρόν, ἐθαύμασεν τὴν ἐπίνοιαν τοῦ σωματεμπόρου καὶ ἀνεκραύγασεν "οὐᾶ, καλῶς, νὴ τὴν Ἥραν· εὐεπινόητος καὶ φιλόσοφος, μᾶλλον δὲ καὶ θαυμαστὸς ἔμπορος καὶ ἄκρος." οἱ σχολαστικοί· "καθηγητά, τί ἐπαινεῖς; τί τῆς σῆς θαυμασιότητος ἄξιον; καὶ ἡμῖν μετάδος, μὴ φθονέσῃς μετασχεῖν τοῦ καλοῦ." ὁ δὲ Ξάνθος εἶπεν "ἄνδρες φιλόλογοι, μὴ νομίσητε τὴν

φιλοσοφίαν διὰ λόγων μόνον συνεστάναι, ἀλλὰ καὶ διὰ
τῶν ἔργων· πολλάκις γὰρ ἡ σιγωμένη φιλοσοφία τὴν διὰ
τῶν λόγων ὑπερέβαλεν ἢ πιστοῦται. τοῦτο δὲ ἀπὸ
ὀρχηστῶν ἐστιν ἐπιγνῶναι, ὅπως διὰ τῆς τῶν χειρῶν
κινήσεως τὰ διὰ πολλοῦ κοινωθέντα καὶ σιγωμένην καὶ
αὐτὰ ἐνδείκνυται φιλοσοφίαν. οὗτος γὰρ ἔχων μὲν δύο
παῖδας καλοὺς καὶ τὸν ἕνα σαπρόν, <ἔστησε μέσον τῶν
καλῶν τὸν σαπρόν,> ἵνα τὸ τούτου αἰσχρὸν τὸ τούτων
κάλλος ἐκφαίνῃ· εἰ μὴ γὰρ παρετέθη τὸ αἰσχρὸν τῷ
κρείττονι, ἡ τῶν καλῶν εἴδησις οὐκ ἂν ἠλέγχετο." οἱ
σχολαστικοί· "θεῖος, καθηγητά, σύ, καὶ κάλλιστος ὁ τὴν
ἐκείνου ἐνθύμησιν γνωρίσας ἀκριβῶς." ὁ Ξάνθος· "ἀλλὰ
μὴν συνέλθετε, ὅπως ἓν τῶν σωματίων ὠνήσωμεν· ἔστιν
γάρ μοι χρεία πρὸς ὑπηρεσίαν."

24. ἐπιστὰς δὲ τῷ πρώτῳ παιδίῳ εἶπεν "ποταπὸς εἶ;"
ἐκεῖνος ἀπεκρίθη "Καππάδοξ." "τί ὄνομά σου;" ὁ δὲ λέγει
"Λίγυρις." Ξάνθος λέγει "τί οἶδας ποιεῖν;" ὁ δέ· "ἐγὼ
πάντα." ὁ Αἴσωπος ἑστὼς ἐγέλασεν ἀθρόον. οἱ
σχολαστικοὶ θεασάμενοι αὐτὸν γελάσαντα καὶ ...

25. "φέρε οὖν, ἐπιγνῶ εἰ οἶδέν τι, μὴ τὸ κερμάτιον κενῇ
χάριτι προαπολέσητε." προσελθὼν δὲ ὁ Ξάνθος τῷ
Αἰσώπῳ φησίν "χαῖρε." Αἴσωπος· "τί γάρ; λυποῦμαι;" οἱ
σχολαστικοί· "καλῶς, μὰ τὰς Μούσας. τί γάρ; ἐλυπεῖτο;"
<κατεπλάγησαν οὖν τῷ εὐστόχῳ λόγῳ.> καί φησιν αὐτῷ ὁ
Ξάνθος "ποταπὸς εἶ;" ὁ Αἴσωπος· "σάρκινος." ὁ Ξάνθος·
"οὐ τοῦτο λέγω, ἀλλὰ ποῦ ἐγεννήθης;" ὁ Αἴσωπος· "ἐν τῇ
κοιλίᾳ τῆς μητρός μου." ὁ Ξάνθος· "πάντα αὐτῷ κακά. οὐ
τοῦτό σε ἐρωτῶ, ἀλλὰ ποίῳ τόπῳ ἐγεννήθης;" ὁ Αἴσωπος·
"τοῦτό μοι οὐκ εἶπεν ἡ μήτηρ μου, πότερον ἢ ἐν τῷ κοιτῶνι
ἢ ἐν τῷ τρικλίνῳ." ὁ Ξάνθος λέγει "γένει λέγε ποταπὸς εἶ."
ὁ Αἴσωπος· "Φρύξ." ὁ Ξάνθος· "τί οἶδας ποιεῖν;" ὁ
Αἴσωπος· "ἐγὼ ὅλως οὐδέν." ὁ Ξάνθος· "διὰ τί οὐδέν;"
Αἴσωπος· "ὅτι οἱ παρακάτεροι παῖδες ὅλα ἐπίστανται." οἱ
σχολαστικοί· "οὐᾶ, μακάριος· οὗτοι γὰρ κακῶς

Life of Aesop 7

ἀπεκρίθησαν. ἄνθρωπος γὰρ οὐκ ἔστιν πάντα εἰδώς. διὰ τοῦτο εἶπεν οὗτος ὅτι "οὐδὲν οἶδα," διὰ τοῦτο οὖν ἐγέλασεν."

26. ὁ Ξάνθος· "θέλεις ἀγοράσω σε;" ὁ Αἴσωπος· "τί γάρ; ἤδη ἐννοεῖς σύμβουλόν με κεκτῆσθαι, παρ' ἐμοῦ ἵνα μου συμβουλίαν λάβῃς; εἰ ἀγοράσαι με θέλεις, ἀγόρασον. εἰ οὐ θέλεις, πάραγε. οὐ μέλει μοι. οὐ γὰρ ὁ πωλῶν με ἄνθρωπος δίκτυα ἔχων βίᾳ τοὺς μὴ βουλομένους ἐφέλκεται, οὐδὲ σοί τις ἐγγύην περιτίθησιν ἵνα με ὠνήσῃ, ἀλλὰ τῆς ἰδίας προαιρέσεως ἐξουσίαν ἔχεις. εἰ βούλει λαβεῖν με, τὴν τιμήν μου ἀρίθμει· λῦε βαλαντίου πύλας. εἰ δὲ οὐ θέλεις, μή με σκῶπτε." ὁ Ξάνθος· "τί οὖν πολύλαλος εἶ; μηδέν σοι τῶν ἀγαθῶν γένηται." ὁ Αἴσωπος· "τὰ πολύλαλα στρουθία πολλοῦ πωλεῖται">. οἱ σχολαστικοί· "καλῶς, μὰ τὴν Ἥραν· ὁ Αἴσωπος ἀπεστομάτισεν τὸν καθηγητήν." ὁ Ξάνθος· "βούλομαί σε ἀγοράσαι, ἀλλὰ μὴ ἄρξῃ δραπετεύειν;" ὁ Αἴσωπος· "τοῦτο ἐὰν θέλω ποιῆσαι οὐ λήψομαι σὲ σύμβουλον ὡς σὺ ἐμέ. τὸ δὲ δραπετεύειν ἐν τίνι ἐστίν, ἐν σοὶ ἢ ἐν ἐμοί;" ὁ Ξάνθος· "δῆλον ὅτι ἐν σοί." ὁ Αἴσωπος· "οὔ, ἀλλ' ἐν σοί." ὁ Ξάνθος· "διὰ τί ἐν ἐμοί;" ὁ Αἴσωπος· "ἐὰν ᾖς καλόδουλος, οὐδεὶς φεύγων τὸ ἀγαθὸν ἐπὶ τὸ φαῦλον ἔρχεται, ἑαυτὸν εἰς πλάνας διδούς, λιμόν τε καὶ φόβον προσδοκῶν· ἐὰν δὲ ᾖς κακόδουλος, ὥραν μίαν οὐ μένω πρὸς σέ, οὐδὲ ἡμιώριον, οὐδὲ στιγμήν." ὁ Ξάνθος· "οὗτος φεύγει ἐὰν ἑαυτῷ τι γένηται. ὅσα μὲν οὖν λέγεις ἀνθρώπινα, ἀλλὰ σαπρὸς εἶ." ὁ Αἴσωπος· "μή μου βλέπε τὸ εἶδος, ἀλλὰ μᾶλλον ἐξέταζε τὴν ψυχήν." ὁ Ξάνθος· "τί ἐστιν τὸ εἶδος;" ὁ Αἴσωπος· "ὅ τι; πολλάκις εἰς οἰνοπώλιον παραγενάμενοι ὠνήσασθαι οἶνον θεωροῦμεν κεράμια ἀειδῆ, τῷ δὲ γεύματι χρηστά."

27. ὁ Ξάνθος ἐπαινέσας αὐτοῦ τὸ ἕτοιμον τῶν λόγων προσελθὼν τῷ ἐμπόρῳ λέγει "τοῦτον πόσου πωλεῖς;" ὁ ἔμπορος· "ἐπισκῶψαί μου θέλεις τὴν ἐμπορίαν;" ὁ Ξάνθος· "διὰ τί;" ὁ ἔμπορος· "ἀλλ' ἀπολιπὼν τούτους τοὺς ἀξίους

ἐπὶ τὸ κατάπτυστον τοῦτο ἀνδραπόδιον ἦλθες; ἐξ ἐκείνων
ἀγόρασον καὶ λάβε τοῦτον ἐπιθήκην." ὁ Ξάνθος· "ὅμως
πόσου τοῦτον;" ὁ ἔμπορος· "ἑξήκοντα δηναρίων τοῦτον
ἠγόρακα, πεποίηκεν δὲ δαπάνας δέκα πέντε· ἴσωσόν μοι
ἀπ' αὐτοῦ." οἱ δὲ τελῶναι ἀκούσαντες ὅτι σωμάτια
πέπρανται παραγενάμενοι ἐπηρώτων τίς πέπρακεν ἢ τίς ὁ
ἀγοράσας. διετρέπετο δὲ εἰπεῖν ὁ Ξάνθος ὅτι "ἠγόρασα
ἑβδομήκοντα πέντε δηναρίων δοῦλον," καὶ ὁ ἔμπορος
ᾐσχύνετο. τούτων δὲ σιωπώντων ὁ Αἴσωπος κέκραγεν "ὁ
πεπραμένος ἐγώ, ὁ πωλήσας οὗτος, ὁ ἀγοράσας ἐκεῖνος.
οὗτοι εἰ σιωπῶσιν, δῆλον ὅτι ἐλεύθερός εἰμι ἐγώ." ὁ δὲ
Ξάνθος· "ἐγὼ ἠγόρασα ο' ε' δηναρίων δοῦλον." καὶ
γελάσαντες οἱ τελῶναι ἐχαρίσαντο τῷ Ξάνθῳ ἅμα τοῖς
σχολαστικοῖς τὴν τιμὴν τοῦ Αἰσώπου, καὶ ἀποταξάμενοι
ἀνεχώρησαν.

28. Ὁ δὲ Αἴσωπος ἠκολούθει. καυματινῆς δὲ ὥρας
ὑπαρχούσης καὶ τοῦ ἡλίου ἐπὶ τὸ μεσουράνημα ὄντος καὶ
ἐρημαζούσης τῆς ὁδοῦ διὰ τὸ καῦμα, ὁ Ξάνθος
ἀναστείλας τὰ ἱμάτια ἤρξατο ἅμα περιπατῶν οὐρεῖν.
θεασάμενος δὲ ὁ Αἴσωπος ἠγανάκτησεν· εἶτα δραξάμενος
αὐτὸν ἐξ ἀναβολῆς τοῦ ἱματίου εἵλκυσεν αὐτὸν καί φησιν
"πώλει με, ἐπεὶ οὐ μή με ὑπομείνῃς δραπετεύοντα." ὁ
Ξάνθος· "Αἴσωπε, τί σοι συνέβη;" ὁ Αἴσωπος "πώλει με"
φησίν· "οὐ δύναμαί σοι δουλεύειν." ὁ Ξάνθος· "ὁ ἐνέγκας
σε πάντως τις τῶν εἰωθότων τὰς εὐσταθούσας οἰκίας
διαβολαῖς ἀνατρέπειν· προσελθών σοί τις διέβαλέν με,
ἀποκαλῶν ὡς κακόδουλον ἢ πάροινον ἢ πλήσσοντα ἢ
στομαχώδη ἢ ὀργίλον. μὴ πρόσεχε διαβολαῖς· μάτην
ὀξύνει διαβολὴ τερπνὴ ἀκοῦσαι. οὕτως γὰρ περὶ ἐμοῦ τὰ
σημάντια." ὁ Αἴσωπος· "χύσις σε διέβαλεν, Ξάνθε· ὅτε γὰρ
αὐτὸς ὁ δεσπότης μὴ φοβούμενός τινα μὴ εἰσελθὼν εἰς τὴν
οἰκίαν πληγῶν πεῖραν λάβῃς, ἢ δεσμῶν ἢ δεινοτέρας
ἀνάγκης κόλασιν ὑπομείνῃς, ἀλλὰ τὴν ἰδίαν ἐξουσίαν
ἑαυτοῦ ἔχων τοῖς φυσικοῖς ὅροις οὐκ ἔδωκας ἡμιώριον εἰς
ἀνάπαυσιν, ἀλλὰ περιπατῶν οὔρησας—τί δεῖ με τὸν

δοῦλον ποιῆσαι ἐπὶ ἀπόκρισιν πεμφθέντα ἄλλο ἢ πάντως πετόμενον χέζειν;" Ξάνθος· "τούτου ἕνεκα ἐταράχθης;" Αἴσωπος· "καὶ μάλα." ὁ Ξάνθος· "τρία βουλόμενος ἐκφυγεῖν φαῦλα περιπατῶν οὔρησα. Αἴσωπος· "τίνα ταῦτα;" Ξάνθος· "ζεστότητα γῆς, οὔρου δριμύτητα, καὶ φλογὴν ἡλίου." ὁ Αἴσωπος· "πῶς;" ὁ Ξάνθος· "ὁρᾷς μὲν ὅτι ὁ ἥλιος μεσουρανεῖ καὶ τῇ θερμότητι τὴν γῆν ἐξέκαυσεν· ὅταν δὲ συνεστὼς οὐρῶ τὸ ἔδαφος ζέον τοὺς πόδας μου κατακαίει, καὶ ἡ δριμύτης τοῦ οὔρου ἀνατρέχει μου εἰς τὰς ὀσφρήσεις καὶ τὰς ἐκροάς μου φράσσει, καὶ ὁ ἥλιος δὲ τὴν κεφαλήν μου φλέγει. ταῦτα τὰ τρία θέλων ἐκφυγεῖν περιπατῶν οὔρησα." ὁ Αἴσωπος· "πέπεικάς με, σαφῶς ἐπενόησας· περιπάτει λοιπόν·" Ξάνθος· "ἠγνόουν ἑαυτοῦ δεσπότην πριάμενος."

29. Φθασάντων δὲ αὐτῶν εἰς τὸν οἶκον ὁ Ξάνθος λέγει αὐτῷ· "Αἴσωπε, ὅτι μου τὸ γύναιον καθαρόν ἐστιν, περίμενε πρὸ τοῦ πυλῶνος μέχρις οὗ πρὸς τὴν γυναῖκα καταγγείλω, ἵνα μὴ ἐξαίφνης τὴν σαπρίαν σου ἰδοῦσα τὴν προῖκα ἀπαιτήσασα φύγῃ." Αἴσωπος· "εἰ γυναικοκρατεῖσαι σύ, ἄπιθι καὶ ταχὺ ποίησον." εἰσελθὼν οὖν ὁ Ξάνθος φησίν "κυρία, οὐκέτι μου καταγογγύζεις καὶ λέγειν ἔχεις ὅτι 'ἀπὸ τῶν ἐμῶν παιδισκαρίων ὑπηρέτησαι'. ἴδε κἀγὼ σωμάτιον ἀρρενικὸν ἠγόρασα." ἡ δὲ γυνὴ τοῦ Ξάνθου· "εὐχαριστῶ σοι, κυρία Ἀφροδίτη. μεγάλη ἧς· ἀληθινά σου τὰ ἐνύπνια. κοιμηθεῖσα γὰρ εὐθὺς ὄνειρον εἶδον ᾧ πάγκαλον σωμάτιον ὠνησάμενος ἐχαρίσω μοι." ὁ Ξάνθος· "μένε, κυρία, καὶ ὄψει ὃ οὐδέποτε ἐθεάσω κάλλος· ἀληθεύομαι λέγων· Ἀπόλλωνα ὄψει, ἢ Ἐνδυμίωνα ἢ Γανυμήδην."

30. τὰ παιδισκάρια ἔχαιρον, καὶ ἓν τῶν κορασίων εἶπεν "ἐμοὶ ὁ δεσπότης ἄνδρα ἠγόρασεν." ἄλλη· "οὔ, ἀλλ᾽ ἐμοί· ἐγὼ γὰρ ἐν τοῖς ὕπνοις εἶδον." ἄλλη ταῦτα αὐταῖς· "ἀλλ᾽ ἡ πιθανωτέρα λήψεται." "σὺ οὖν πιθανωτέρα εἶ;" "ἀλλὰ σύ;" καὶ ἄρχονται μάχεσθαι. ἡ γυνὴ τοῦ Ξάνθου λέγει "ὑπὲρ οὗ

τὸ ἐγκώμιον εἶπας, ποῦ ἐστιν;" Ξάνθος· "κυρία, πρὸ τῶν
θυρῶν. δόγμα δέ ἐστιν παιδείας τὸ εἰς ἀλλοτρίαν οἰκίαν
ἄκλητον μὴ εἰσιέναι· ἠκολούθησεν πρὸ τοῦ πυλῶνος καὶ
μέχρις οὗ κληθῇ μένει." ἡ γυνὴ τοῦ Ξάνθου λέγει "καλέσῃ
τις τὸν νεώνητον." ἡ μία γαμησείουσα, τῶν ἄλλων
κορασίων μαχομένων, πρὸς ἑαυτὴν εἶπεν "ἐξέρχομαι,"
φησίν, "νῦν ἐγὼ καὶ προαρραβωνίζω αὐτὸν ἐμαυτῇ." καὶ
ἐξέρχεται καί φησιν "ποῦ ὁ νεώνητος;" ἐπιστραφεὶς ὁ
Αἴσωπος λέγει "ὧδε, παιδισκάριον." ἡ δὲ λέγει "σὺ εἶ ὁ
νεώνητος;" Αἴσωπος λέγει "ἐγώ εἰμι." ἡ παιδίσκη εἶπεν
"ποῦ ἐστιν ἡ κέρκος σου;" Αἴσωπος ἰδὼν τὸ παιδάριον καὶ
νοήσας ὅτι εἰς κυνοκέφαλον αὐτὸν ἔσκωψεν λέγει "οὐχ ὡς
σὺ ὑπονοεῖς, ὅτι τὴν κέρκον ὄπισθεν ἔχω, ἀλλ᾽
ἔμπροσθεν." τὸ παιδισκάριον εἶπεν "αὐτοῦ μένε, μὴ
εἰσέλθῃς καὶ φύγωσι πάντες τὸ τέρας ἰδόντες." καὶ
εἰσελθοῦσα θεωρεῖ ἔτι μαχομένας τὰς συντρόφους καὶ
λέγει "τί οὐκ ἐμπυρίζω αὐτάς; κοράσια, μὰ τὰς Μούσας
ὑμῶν, τί πυκτεύετε περὶ τούτου τοῦ ἀνδρός; πρῶτον ἴδετε
αὐτοῦ τὸ κάλλος." ἐξέρχεται μία καὶ λέγει "ποῦ ἐστιν ὁ
κῦρις, ὁ ἀγορασθείς, ὁ καλός μου;" Αἴσωπος εἶπεν "ὧδε."
ἡ παιδίσκη λέγει "πατάξῃ σου τὸ κακὸν πρόσωπον ἡ
Ἀφροδίτη. ἕνεκεν σοῦ ἐμαχόμην, κάθαρμα; πολλά σοι
κακά. δεῦρο εἴσω, καὶ μή μοι κολλῶ· μακρὰν ἀπ᾽ ἐμοῦ."
Αἴσωπος εἰσελθὼν ἔστη ἄντικρυς τῆς δεσποίνης.

31. ἡ γυνὴ τοῦ Ξάνθου, τοῦ Αἰσώπου ἰδοῦσα τὸ
κακοπινὲς τοῦ προσώπου, ἀπεστράφη καὶ πρὸς τὸν
Ξάνθον λέγει "οὐᾶ, Ξάνθε, εὐεπινοήτως καὶ φιλοσόφως
καὶ πρεπόντως ἔπραξας· ἑτέραν λαβεῖν βουλόμενος
γυναῖκα καὶ μὴ τολμῶν μοι κατ᾽ ὄψιν εἰπεῖν 'πορεύου ἀπ᾽
ἐμοῦ,' ἐπιστάμενός μου τὸ φιλοκάθαρον ἤνεγκάς μοι
τοῦτον ἐπίτηδες, ἵνα μὴ ὑποφέρουσα ὑπ᾽ αὐτοῦ
δουλεύεσθαι φύγω ἐπ᾽ ἐμαυτῆς τὴν οἰκίαν καταλιποῦσα.
δός μοι οὖν τὴν προῖκα καὶ ἐγὼ πορεύσομαι καθ᾽ ἑαυτήν."
ὁ Ξάνθος λέγει "οἴμοι, ἵνα μὴ εἰς τὴν ὁδὸν περιπατῶν
οὐρήσω, ἑπτασφόνδυλά μοι ῥήματα εἶπας, καὶ νῦν οὐδὲν

λέγεις πρὸς αὐτήν;" Αἴσωπος εἶπε "τοιγὰρ πορεύσηται καθ' ἑαυτὴν εἰς τὸ σκότος." ὁ Ξάνθος εἶπεν "σιώπα, κάθαρμα, οὐκ οἶδας ὅτι φιλῶ αὐτὴν ὑπὲρ ἐμαυτόν;" Αἴσωπος λέγει "φιλεῖς τὸ γύναιον;" ὁ Ξάνθος εἶπεν "καὶ μάλα." Αἴσωπος λέγει "θέλεις οὖν ἵνα μένῃ;" ὁ Ξάνθος εἶπεν "θέλω, ταπεινέ." Αἴσωπος λέγει "ὑποκρινοῦμαι ὡς θέλεις." καὶ ῥίξας τὸν πόδα εἰς τὸ μέσον ὁ Αἴσωπος ἀνέκραγεν "εἰ Ξάνθος ὁ φιλόσοφος γυναικοκρατεῖται, αὔριον αὐτὸν ἐγὼ δείξω ἐν τοῖς ἀκροατηρίοις οἷόν ἐστιν περικάθαρμα." ὁ Ξάνθος εἶπεν "καλῶς, Αἴσωπε."

32. Αἴσωπος πρὸς τὴν κυρὰν εἶπεν "τάδε πρὸς σέ, γύναι· βούλει, ἵνα σου ὁ ἀνὴρ ἐξιὼν ποταπὸν ὠνήσῃ σωμάτιον εὐήλικον, περικαλλῆ, εὐηδῆ, εὐόφθαλμον, ξανθόν." ἡ γυνὴ τοῦ Ξάνθου εἶπεν "ἵνα τί;" Αἴσωπος λέγει "ἵνα ὁ καλὸς δοῦλος ἀκολουθῇ σοι εἰς τὸ βαλανεῖον, εἶτα ὁ καλὸς δοῦλος λάβῃ παρὰ σοῦ τὰ ἱμάτιά σου, εἶτα ὁ καλὸς δοῦλος ἐξερχομένης σοῦ ἀπὸ τοῦ βαλανείου ἐπιβάλῃ τὸ θερίστριον καὶ συγκαθεσθεὶς ὑποδήσῃ σε τὸ ὑπόδημά σου, εἶτα συμπαίξῃ σοι καὶ ἀντιβλέψῃ σοι ὡς εὐαρέστῃ ἀργυρωνήτῳ, εἶτα σὺ ἀντιμειδιάσῃς καὶ νέον βλέπουσα ἐρεθισθῇς καὶ καλέσῃς εἰς τὸν κοιτῶνα ἵνα τρίβῃ τοὺς πόδας σου, εἶτα σὺ κατανυγεῖσα ἐπισπάσῃ καὶ καταφιλήσῃς αὐτὸν καὶ πράξῃς τὰ σοὶ πρέποντα τῇ αἰσχρᾷ ὕβρει, καὶ καταισχυνθῇ ὁ φιλόσοφος καὶ διαπαιχθῇ. εὖγε Εὐριπίδη, χρυσῶσαί σου ἔδει τὸ στόμα ὅτε ἔλεγες·

δεινὴ μὲν ὀργὴ κυμάτων θαλασσίων,
δειναὶ δὲ ποταμοῦ καὶ πυρὸς θερμοῦ πνοαί,
δεινὴ δὲ πενία, δεινὰ δ' ἄλλα μυρία,
πλὴν οὐδὲν οὕτω δεινὸν ὡς γυνὴ κακόν.

σὺ δὲ φιλοσόφου οὖσα γυνὴ σοφή, ἡ ἀπὸ ὡραίων σωματίων θέλουσα δουλεύεσθαι, φέρεις οἱ οὐ μετρίαν διαβολὴν καὶ μέγα ὄνειδος. σὺ δέ μοι δοκεῖς κινητιᾶν, καὶ οὐ πράσσεις τὰ ἴδια· ἴδε μή σοι δείξω ἀνδρὸς νεωνήτου θυμόν, ἱπποπόρνη." ἡ γυνὴ τοῦ Ξάνθου εἶπεν "πόθεν μοι τοῦτο τὸ κακόν;" ὁ Ξάνθος λέγει "καὶ ταῦτα μέν σοι οὕτως εἶπεν, κυρά· βλέπε δὲ μή σε ἴδῃ χέζουσαν ἢ οὐροῦσαν, ἐπεὶ ὄψει Αἴσωπον Δημοσθένην καθαρόν." ἡ γυνὴ τοῦ Ξάνθου εἶπεν "μὰ τὰς Μούσας, γοργόν μοι φαίνεται τὸ ἀνθρωπάριον καὶ εὐτράπελον. διαλλάσσομαι τοίνυν αὐτῷ." ὁ Ξάνθος εἶπεν "Αἴσωπε, διήλλακταί σου ἡ κυρία." Αἴσωπος λέγει "μέγα πρᾶγμα, εἰ γύναιον καταπλήξει ἐπράυνα." ὁ Ξάνθος εἶπεν "οὐᾶ, δραπέτα."

33. Ἡ γυνὴ τοῦ Ξάνθου εἶπεν "Αἴσωπε, ὅτι μὲν εἶ λόγιος ἀπὸ τῶν εἰρημένων ἐμφανές ἐστιν, ἀλλ' ἐγὼ ἐπλανήθην τῷ ὀνείρῳ· καλὸν γὰρ ὑπελάμβανον ἠγοράσθαι μοι δοῦλον, σὺ δὲ σαπρὸς εἶ." Αἴσωπος λέγει "μὴ ξενίζου, κυρά, ἐπὶ τῷ ἐσκελίσθαι σε τῷ ἐνυπνίῳ· οὐ γὰρ πάντες ἀληθεῖς εἰσιν οἱ ὄνειροι. δεομένῳ γὰρ τῷ προστάτῃ τῶν Μουσῶν ὁ Ζεὺς ἐχαρίσατο τὴν μαντικήν, ὥστε καὶ πάντας τοὺς ἐν τῷ χρησμῷ ὑπερέχειν. ὁ δὲ προστάτης τῶν Μουσῶν ὑπὸ πάντων θαυμαζόμενος ἀνθρώπων, τῶν ἄλλων ὑπερφρονεῖν πάντων νομίσας, ἀλαζονικώτερος ἦν ἐν τοῖς ἄλλοις ἅπασιν. διὸ ὁ τούτου μείζων, ὀργισθεὶς καὶ μὴ θέλων τοῦτον παρὰ ἀνθρώποις τοσοῦτον ἰσχύειν, ἔπλασέν τινας ὀνείρους ἀληθεῖς, οἵτινες ἔλεγον ἐν τοῖς ὕπνοις τὰ μέλλοντα γίνεσθαι. ἐπιγνοὺς δὲ ὁ μείζων τῶν Μουσῶν ὡς οὐδεὶς αὐτοῦ χρείαν ἔχει τῆς μαντικῆς ἕνεκεν, ἠρώτησεν τὸν Δία καταλλαγῆναι αὐτῷ καὶ μὴ ἀκυρῶσαι αὐτοῦ τὴν μαντικήν. ὁ δὲ καταλλαγεὶς αὐτῷ, καὶ οὕτως ὀνείρους ἑτέρους ἔπλασεν εἰς τοὺς ἀνθρώπους ὅπως αὐτοῖς καθ' ὕπνους ψευδῆ δεικνύωσιν, ἵνα πλανηθέντες τὴν ἀκρίβειαν πάλιν ὑπὸ τὴν τοῦ πρωτοτύπου καταφύγωσι μαντείαν. διὰ ταύτην τοίνυν τὴν αἰτίαν ὁ προπλασθεὶς ὄνειρος, ἐὰν ἐπιστῇ, ἀληθινὸν ἐμφαίνει ὂν τὸ ἐνύπνιον. ὥστε οὖν μὴ θαυμάσῃς ὅτι ἄλλα μὲν καθ' ὕπνους ἑώρακας, ἄλλα δὲ ἀπέβη· οὐ γὰρ ἦν ὁ πρότερος ὂν ἐθεάσω, ἀλλὰ σοί τις τῶν ψευδηγόρων παρέστη ψευδέσιν ἐξαπατῶν ἐνυπνίοις."

Chs. 44-73 (+ first sentence of Ch. 74)

44. Ταῖς δὲ ἑξῆς ἡμέραις σὺν αὐτῷ εἰς τὰ ἀκροατήρια παραγίνεται καὶ γνωστὸς πᾶσιν ἐγένετο ὁ Αἴσωπος. καὶ δή ποτε εἷς τῶν σχολαστικῶν παρασκευασάμενος εἰς δεῖπνον ἐκάλεσεν τὸν Ξάνθον, σὺν αὐτῷ δὲ καὶ τοὺς σχολαστικούς. ὁ Ξάνθος τῷ Αἰσώπῳ λέγει "τὰ πρὸς δεῖπνον χρήσιμα ἄρας ἀκολούθει μοι· λέγω δὲ σπυρίδα, πίνακα, μάππαν, φανόν, σανδάλια, καὶ εἴ τι ἕτερόν μοι λέληθεν εἰπεῖν σοι." Αἴσωπος ἄρας ἠκολούθει. ὁ Ξάνθος ἐν τῷ δείπνῳ λαβὼν τὰ μέρη ἐπέδωκεν τῷ Αἰσώπῳ. Αἴσωπος λαβὼν συνέθηκεν εἰς τὴν σπυρίδα. ὁ Ξάνθος ἐπιστραφεὶς τῷ Αἰσώπῳ λέγει "ἔχεις πάντα τὰ μέρη;" Αἴσωπος εἶπεν "ἔχω." ὁ Ξάνθος· "ἀπόφερε οὖν αὐτὰ ταῦτα τῇ εὐνοούσῃ." Αἴσωπος λέγει "ποιήσω." ἐξελθὼν οὖν λέγει καθ' ἑαυτόν· "νῦν καιρός ἐστιν τοῦ μετελθεῖν με τὴν μῆνιν τὴν πρὸς τὴν κυράν, ἀνθ' ὧν με ἀγορασθέντα ἔσκωψεν καὶ ἐκακολόγει, καὶ ὅτι τὰ δωρηθέντα μοι ὑπὸ τοῦ κηπουροῦ λάχανα σκορπίσασα συνεπάτησεν, καὶ οὐκ ἀφῆκέν μου τὴν δωρεὰν εὐχαρῆ τῷ δεσπότῃ μου γενέσθαι. ἐγὼ αὐτῇ δείξω ὅτι πρὸς ἔννουν οἰκέτην οὐδὲν ἰσχύει γυνή· ἐπὰν γὰρ ὁ δεσπότης εἶπέν μοι ὅτι 'δὸς τὰ μέρη τῇ εὐνοούσῃ,' νῦν ὄψεται τίς αὐτῷ εὐνοεῖ."

45. παραγενάμενος δὲ ὁ Αἴσωπος καὶ εἰσελθὼν εἰς τὴν οἰκίαν παρέθηκεν ἑαυτῷ τὴν σπυρίδα, καὶ καλέσας τὴν τοῦ Ξάνθου γυναῖκα καὶ δείξας αὐτῇ πάντα τὰ μέρη, λέγει "κυρά, κατάμαθε· μή τι λείπει ἢ παραβέβρωται;" ἡ γυνὴ τοῦ Ξάνθου λέγει "πάντα σῷά ἐστιν καὶ ὑγιῆ, Αἴσωπε. ταῦτα ἐμοὶ ὁ δεσπότης ἔπεμψεν;" Αἴσωπος εἶπεν "οὔ." ἡ γυνὴ τοῦ Ξάνθου λέγει "καὶ τίνι αὐτὰ πέπομφεν;" Αἴσωπος εἶπεν "τῇ εὐνοούσῃ." ἡ γυνὴ τοῦ Ξάνθου εἶπεν "καὶ τίς αὐτῷ εὐνοεῖ, δραπέτα;" Αἴσωπος εἶπεν "ἔκδεξαί με ὀλίγον καὶ ὄψει τίς αὐτῷ εὐνοεῖ." θεασάμενος οἰκοτραφῆ κύνα γενναίαν ἐφώνησεν αὐτὴν καὶ λέγει "ἔρχου, λάβε, Λύκαινα." καὶ προσέδραμεν ἡ κύων.

Αἴσωπος αὐτὴν ἐβρωμάτισεν. τῆς δὲ κυνὸς πάντα καταφαγούσης, παρεγένετο πάλιν ὁ Αἴσωπος ὅπου ἦν τὸ δεῖπνον καὶ ἔστη ὀπίσω πρὸς τοὺς πόδας τοῦ Ξάνθου.

46. ὁ Ξάνθος λέγει "τί ἐστιν, Αἴσωπε, δέδωκας;" Αἴσωπος εἶπεν "δέδωκα." ὁ Ξάνθος λέγει "ἔφαγεν;" Αἴσωπος εἶπεν "ναί, πάντα ἔφαγεν." ὁ Ξάνθος εἶπεν "καὶ πάντα φαγεῖν ἠδυνήθη;" Αἴσωπος λέγει "ναί, ἐπείνα γάρ." ὁ Ξάνθος εἶπεν "ἡδέως αὐτὰ ἔφαγεν;" Αἴσωπος εἶπεν "ναί, ἡδέως ἔφαγεν." ὁ Ξάνθος εἶπεν "τί οὖν ἔλεγεν;" Αἴσωπος λέγει "ἔλεγεν μὲν οὐδέν, πάντως δέ σοι ἐν ἑαυτῇ κατηύχετο." ὁ Ξάνθος εἶπεν "ἐγὼ αὐτῇ ἀμύνομαι."

ἡ δὲ γυνὴ τοῦ Ξάνθου εἶπεν τοῖς ἑαυτῆς παιδισκαρίοις "κοράσια, ἐγὼ μετὰ Ξάνθου μένειν οὐκέτι δύναμαι· δότω μοι τὴν προῖκά μου καὶ ἀναχωρῶ. ἐπὰν γὰρ τὴν κύνα ἐμοῦ προέκρινεν, πῶς ἐγὼ λοιπὸν τούτῳ συνοικήσω;" εἰσελθοῦσα οὖν εἰς τὸν κοιτῶνα μένει περίλυπος.

47. Μηκύνοντος δὲ τοῦ πότου ἐγένετο μακρά τις ὁμιλία, καὶ ὡς ἐν ἀνδράσιν φιλολόγοις ζητήματα ποικίλα προετίθοντο. εἷς δὲ τῶν σχολαστικῶν εἶπεν "πῶς ἔσται μεγάλη ταραχὴ ἐν ἀνθρώποις;" Αἴσωπος ἑστὼς ὀπίσω τοῦ δεσπότου αὐτοῦ λέγει "ἐὰν οἱ νεκροὶ ἀναστάντες τὰ ἴδια ἀπαιτοῦσιν." πολὺς οὖν ἐγένετο γέλως καὶ πλεῖστος γογγυσμὸς εἰς τοὺς σχολαστικούς, καὶ ἔλεγον "ὁ νεώνητός ἐστιν, ὃν ἠγόρασεν Ξάνθος ἡμῶν παρόντων." εἷς τῶν σχολαστικῶν εἶπεν "ἐμέ ποτε εἶπεν θαλάσσιον πρόβατον εἶναι." ἄλλος εἶπεν "τὰ μὲν ἀφ' ἑαυτοῦ λαλεῖ, τὰ δὲ ὑπὸ Ξάνθου διδάσκεται." Αἴσωπος εἶπεν "οὕτως ὑμεῖς πάντες." οἱ σχολαστικοὶ εἶπον "καθηγητά, μὰ τὰς Μούσας, σὺ ἐπίτρεψον Αἰσώπῳ πιεῖν." ὁ Ξάνθος ἐπέτρεψεν, Αἴσωπος ἔπιεν.

48. εἷς τῶν σχολαστικῶν πρὸς τοὺς ἑτέρους λέγει "διὰ τί τὸ μὲν πρόβατον ἐπὶ θυσίαν ἀγόμενον οὐ κέκραγεν, τὸ δὲ χοιρίδιον μεγάλα τονθρύζει;" μηδενὸς οὖν εὑρίσκοντος

λῦσαι τὴν ἐρώτησιν, Αἴσωπος λέγει "ὅτι τὸ μὲν πρόβατον
ἔχει τὸ γάλα εὔχρηστον καὶ τὰς τρίχας εἰς εὐσχημοσύνην,
καὶ κατὰ καιρὸν ἀποκείρεται τὴν βαροῦσαν αὐτοῦ τρίχα
καὶ ἀμελγόμενον πάλιν κουφίζεται, καὶ ὅταν ἀπάγεται
πρὸς θυσίαν, οὐδὲν κακὸν ὑποπτεῦον παθεῖν γεγηθὸς
ἀκολουθεῖ καὶ προσφερόμενον τὸ σίδηρον οὐκ ἀποφεύγει.
ὁ δὲ χοῖρος διὰ τοῦτο μεγάλα τονθρύζει, διὰ τὸ μήτε
τρίχας ἔχειν εὐχρήστους μήτε γάλα· εἰκότως κράζει, εἰδὼς
ὅτι πρὸς τὴν τῶν κρεῶν ἀπάγεται χρῆσιν." οἱ σχολαστικοὶ
εἶπον "σαφῶς, μὰ τὰς Μούσας."

49. Πάντων οὖν ἀναχωρησάντων ὁ Ξάνθος
ὑποστρέψας εἰς τὸν οἶκον αὐτοῦ εἰσῆλθεν εἰς τὸν κοιτῶνα
καὶ ἤρξατο κολακεύειν τὴν ἑαυτοῦ γυναῖκα καὶ
καταφιλεῖν. αὐτὴ δὲ ἀπεστρέφετο τὸν Ξάνθον λέγουσα
"μὴ πρόσιθί μοι, δουλοκοῖτα, μᾶλλον δὲ κυνοκοῖτα.
ἀπόδος μοι τὴν προῖκά μου." ὁ Ξάνθος λέγει "πολλά μοι
κακά, τί ποτε πάλιν Αἴσωπος ἤρτυσέ μοι;" ἡ γυνὴ τοῦ
Ξάνθου εἶπεν "ὕπαγε κἀκείνην λάβε, ᾗτινι τοσαῦτα
πέπομφας μέρη." ὁ Ξάνθος λέγει "οὐκ ἔλεγον ὅτι Αἴσωπος
θόρυβον κεκίνηκέν μοι; Αἴσωπόν τις καλείτω."

50. Αἴσωπος εἰσῆλθεν. ὁ Ξάνθος λέγει "Αἴσωπε, τὰ μέρη
τίνι δέδωκας;" Αἴσωπος εἶπεν "ἐμοὶ εἶπας ὅτι 'δὸς αὐτὰ τῇ
εὐνοούσῃ.'" ἡ γυνὴ τοῦ Ξάνθου λέγει "ἐγὼ οὐδὲν ἔλαβον.
ἰδοὺ ποῦ ἐστιν; ἐνώπιόν μου μὴ ἀρνησάσθω." ὁ Ξάνθος
εἶπεν "ἴδε, λέγει, δραπέτα, μὴ εἰληφέναι." Αἴσωπος λέγει
"τίνι δέ μοι εἶπας ἐπιδοῦναι τὰ μέρη;" ὁ Ξάνθος εἶπεν "τῇ
εὐνοούσῃ." Αἴσωπος λέγει "τί οὖν; αὕτη σοι εὐνοεῖ;" ὁ
Ξάνθος εἶπεν "ἀλλὰ τίς, δραπέτα;" Αἴσωπος λέγει "μάθε
τίς σοι εὐνοεῖ." φωνήσας τὴν κύνα λέγει "αὕτη σοι εὐνοεῖ.
γυνὴ μὲν γὰρ λέγει εὐνοεῖν, οὐκ εὐνοεῖ δέ. τούτου δὲ
ἀπόδειξις αὕτη, ὅτι αὕτη, ἣν νομίζεις εὐνοεῖν σοι,
ἐλαχίστων ἕνεκα μεριδίων ἀπαιτεῖ σε τὴν προῖκα καὶ
βούλεταί σε καταλιπεῖν· τὴν δὲ κύνα δεῖρον, ἀπόλεσον,
κατάβαλε, δίωξον, καὶ οὐ μὴ ἀποχωρήσει, ἀλλ'

ἐπιλαθομένη τῆς ὕβρεως, ἐπιστρέψασα, τὴν κέρκον
σείουσα ζητεῖ πάλιν τὸν δεσπότην. ἔδει οὖν σε εἰπεῖν μοι
'ἀπόφερε τῇ γυναικί μου,' καὶ μὴ 'τῇ εὐνοούσῃ'· οὐ γὰρ
αὕτη σοι εὐνοεῖ, ἀλλ' ἡ κύων." ὁ Ξάνθος εἶπεν "θεωρεῖς, κυρά, ὅτι οὐ παρ' ἐμὲ γέγονεν
τὸ ἁμάρτημα, ἀλλὰ παρὰ τὴν τοῦ λαβόντος βαττολογίαν.
εὑρήσω δὲ πρόφασιν δι' ἧς αὐτὸν μαστιγώσω καί σε
ἐκδικήσω."

51. Τῇ ἐπαύριον καλέσας ὁ Ξάνθος τοὺς ἤδη
καλέσαντας αὐτὸν σχολαστικοὺς λέγει "Αἴσωπε, ἐπειδὴ
φίλους κέκληκα ἐπὶ δεῖπνον, ἀπελθὼν ἕψησον εἴ τι καλόν,
εἴ τι χρηστὸν ἐν τῷ βίῳ." Αἴσωπος πρὸς ἑαυτὸν λέγει "ἐγὼ
αὐτῷ δείξω μωρὰ μὴ διατάττεσθαι." ἐλθὼν οὖν εἰς τὸν
μάκελλον τῶν τεθυμένων χοιριδίων τὰς γλώσσας
ἠγόρασεν, καὶ ἐλθὼν τὰς μὲν ἑκζεστάς, τὰς δὲ ὀπτάς, τὰς
δὲ ἀρτυτάς, πάσας ἡτοίμασεν. καὶ τῇ τακτῇ ὥρᾳ
παραγίνονται οἱ κεκλημένοι. ὁ Ξάνθος λέγει "Αἴσωπε, δὸς
ἡμῖν τι φαγεῖν." Αἴσωπος φέρει ἑκάστῳ γλῶσσαν
γενομένην ἑκζεστήν, καὶ ὀξύγαρον παρέθηκεν. οἱ
σχολαστικοὶ εἶπον "οὐᾶ, Ξάνθε, καὶ τὸ δεῖπνόν σου
φιλοσοφίας μεστόν· οὐδὲν γὰρ παρὰ σοὶ ἀφιλοπόνητον.
εὐθέως γὰρ ἐν ἀρχῇ τοῦ δείπνου αἱ γλῶσσαι
παρετέθησαν."

52. καὶ μετὰ τὸ πιεῖν αὐτοὺς δύο ἢ τρία ποτήρια ὁ
Ξάνθος λέγει "Αἴσωπε, δὸς ἡμῖν φαγεῖν." Αἴσωπος ἑκάστῳ
πάλιν †πρὸς† γλῶσσαν ὀπτὴν καὶ ἁλοπέπερι παρέθηκεν. οἱ
σχολαστικοὶ εἶπον "θείως, καθηγητά, καλλίστως, μὰ τὰς
Μούσας. ἐπεὶ πᾶσα γλῶσσα πυρὶ ἠκόνηται, καὶ τὸ
κρεῖττον, ὅτι δι' ἁλοπεπέρεως· τὸ γὰρ ἁλυκὸν τῷ
δριμυτέρῳ συγκέκραται τῆς γλώσσης ἵνα τὸ εὔστομον καὶ
τὸ δάκνον ἐπιδείξῃ." ὁ Ξάνθος πάλιν μετὰ τὸ πιεῖν αὐτοὺς
τὸ τρίτον λέγει "φέρε ἡμῖν φαγεῖν." Αἴσωπος ἑκάστῳ
γλῶσσαν ἀρτυτὴν φέρει. οἱ σχολαστικοὶ εἰς ἑνὶ ἔλεγον
"Δημόκριτε! ἐγὼ τὴν γλῶσσαν ἐπόνεσα τὰς γλώσσας

τρώγων." ἄλλος σχολαστικὸς εἶπεν "οὐδέν ἐστι φαγεῖν
ἕτερον; ὅπου Αἴσωπος πονεῖ, ἐκεῖ οὐδὲν ἀγαθόν ἐστι." οἱ
σχολαστικοὶ φαγόντες τὰς ἀρτυτὰς γλώσσας χολέρᾳ
ἐκρούσθησαν. ὁ Ξάνθος λέγει "Αἴσωπε, δὸς ἡμῖν
δειπνῆσαι ἑκάστῳ λοπάδα." Αἴσωπος γλωσσόζωμον
παρέθηκεν. οἱ σχολαστικοὶ οὐκέτι ἐξέτεινον τὰς χεῖρας,
λέγοντες "ἤδε ἡ καταστροφὴ ἀπὸ Αἰσώπου· γλώσσαις
νενικήμεθα." ὁ Ξάνθος λέγει "Αἴσωπε, ἔχομέν τι ἕτερον;"
Αἴσωπος εἶπεν "οὐδὲν ἄλλο ἔχομεν."

53. ὁ Ξάνθος λέγει "οὐδὲν ἕτερον, κατάρατε; οὐκ εἶπόν
σοι ὅτι 'εἴ τι χρήσιμόν ἐστιν ἐν τῷ βίῳ, εἴ τι δὲ ἡδύ, τοῦτο
ἀγόρασον;'" Αἴσωπος λέγει "χάριν σοι ἔχω, ὅτι ἀνδρῶν
φιλολόγων παρόντων μέμφῃ με. εἶπάς μοι ὅτι 'εἴ τι
χρήσιμόν ἐστιν ἐν τῷ βίῳ, εἴ τι ἡδύτερον ἢ μεῖζον,
ἀγόρασον.' τί οὖν ἐστιν ἐν τῷ βίῳ γλώσσης χρησιμώτερον
ἢ μεῖζον; μάθε ὅτι διὰ γλώσσης πᾶσα φιλοσοφία καὶ πᾶσα
παιδεία συνέστηκεν. χωρὶς γλώσσης οὐδὲν γίνεται, οὐδὲ
δόσις, οὐ λῆψις, οὐδὲ ἀγορασμός· ἀλλὰ διὰ γλώσσης
πόλεις ἀνορθοῦνται, δόγματα καὶ νόμοι ὁρίζονται. εἰ οὖν
διὰ γλώσσης πᾶς βίος συνέστηκεν, γλώσσης οὐδέν ἐστι
κρεῖττον." οἱ σχολαστικοὶ εἶπον "νὴ τὰς Μούσας, καλὰ
λέγει. σὺ ἥμαρτες, καθηγητά." οἱ σχολαστικοὶ
ἀνεχώρησαν. δι' ὅλης τῆς νυκτὸς διαρροίᾳ ληφθέντες
ἐδυσφόρουν.

54. τῇ ἐπαύριον οἱ σχολαστικοὶ ἐμέμψαντο τὸν Ξάνθον.
ὁ Ξάνθος λέγει "ἄνδρες φιλόλογοι, οὐ γέγονε παρ' ἡμῖν ἡ
αἰτία, ἀλλὰ παρὰ τὸν ἀχρεῖον δοῦλον Αἴσωπον. πλὴν
σήμερον ἀποδώσω ὑμῖν τὸ δεῖπνον καὶ ἐνώπιον ὑμῶν
διατάξομαι αὐτῷ." καὶ δὴ καλέσας τὸν Αἴσωπον λέγει
αὐτῷ "ἐπειδή σοι ἔδοξε τὰ ἄνω κάτω λαλεῖν, ἀπελθὼν εἰς
τὴν ἀγοράν, εἴ τι σαπρόν, εἴ τι χεῖρον, αὐτὸ ἀγόρασον."
Αἴσωπος ἀκούσας καὶ μὴ ταραχθείς, ἐλθὼν εἰς τὸν
μάκελλον πάλιν πάντων τῶν τεθυμένων χοίρων τὰς
γλώσσας ἠγόρασεν, καὶ ἐλθὼν ἐσκεύασεν αὐτὰς πρὸς

δεῖπνον. ὁ Ξάνθος παραγενάμενος μετὰ τῶν σχολαστικῶν
ἐν τῷ οἴκῳ αὐτοῦ ἀνεκλίθη σὺν αὐτοῖς. καὶ μετὰ τὸ
προπιεῖν λέγει "Αἴσωπε, δὸς ἡμῖν τι φαγεῖν." Αἴσωπος
ἑκάστῳ γλῶσσαν τεταριχευμένην παρέθηκεν καὶ
ὀξύγαρον. οἱ σχολαστικοὶ εἶπον "τί ἐστι πάλιν τοῦτο,
γλῶσσαι;" ὁ Ξάνθος ἀποχλωριᾷ. οἱ σχολαστικοὶ εἶπον
"ἴσως ἀπὸ τῆς χθεσινῆς διαρροίας τὸν στόμαχον ἡμῶν
θέλει τῷ ὄξει ἀνακτήσασθαι." καὶ μετὰ τὸ πιεῖν αὐτοὺς
πρὸς δύο, ὁ Ξάνθος λέγει "δὸς ἡμῖν τι φαγεῖν." Αἴσωπος
παρέθηκεν ἑκάστῳ ὀπτὴν γλῶσσαν. οἱ σχολαστικοὶ εἶπον
"οὐᾶ, τί ἐστι τοῦτο; ὁ χθεσινὸς ὑπόμωρος πάλιν διὰ
γλωσσῶν ἀσθένειαν ἡμῖν κατασκευάζει;"

55. ὁ Ξάνθος λέγει "τοῦτο πάλιν τί ἐστι, κατάπτυστε;
διὰ τί ταῦτα ἠγόρακας; οὐκ εἶπόν σοι ὅτι 'ἀπελθὼν εἰς τὴν
ἀγορὰν εἴ τι χεῖρον εὕρῃς, εἴ τι σαπρόν, τοῦτο ἀγόρασον;'"
Αἴσωπος εἶπεν "καὶ τί χεῖρον διὰ γλώσσης οὐκ ἔστιν; διὰ
γλώσσης ἔχθραι, διὰ γλώσσης ἐπιβουλαί, ἐνεδρεῖαι, μάχαι,
ζηλοτυπίαι, ἔρεις, πόλεμοι· οὐκοῦν χεῖρον οὐδέν ἐστι τῆς
μιαρωτάτης γλώσσης." εἷς τῶν σχολαστικῶν τῶν
συνανακειμένων ἐν τῷ δείπνῳ τοῦ Ξάνθου λέγει
"καθηγητά, τούτῳ ἐὰν πρόσσχῃς ταχέως σε εἰς μανίαν
περιτρέψει· οἵα γὰρ ἡ μορφὴ αὐτοῦ τοιαύτη καὶ ἡ ψυχὴ
αὐτοῦ. ὁ φιλολοίδορος καὶ κακεντρεχὴς δοῦλος οὗτος
ὀβολοῦ ἄξιος οὐκ ἔστιν." Αἴσωπος λέγει "σιώπα,
σχολαστικέ· σύ μοι δοκεῖς κακεντρεχέστερος εἶναι πολλῷ,
ὃς τὸ τοῦ Ξάνθου σχῆμα οὐκ ἔχεις, ἀλλ' ὑποκαίεις
σπινθῆρσι λόγων τὴν τοῦ δεσπότου ὀργὴν καὶ παροξύνεις
δεσπότην κατ' οἰκέτου. τοῦτο δέ ἐστιν οὐκ ἰδιοπράγμονος
ἀνθρώπου ἀλλὰ περιέργου, τὸ εἰς ἀλλότριον ἑαυτὸν
ἐμβαλεῖν πρᾶγμα."

56. ὁ Ξάνθος ζητῶν ἀφορμὴν δι' ἧς τὸν Αἴσωπον
μαστιγώσει λέγει αὐτῷ "Αἴσωπε, ἐπὰν ἀνάγκη με καὶ πρὸς
τὸν ἴδιον φιλοσοφεῖν δοῦλον, περίεργον εἰπάς μοι τὸν
φίλον· ἀπόδειξον οὖν μοι εἰ ἔστιν ὁ ἄνθρωπος περίεργος."

Life of Aesop

Αἴσωπος εἶπεν "ἔστι μὲν οὖν καὶ πάνυ περίεργος· πολλοὶ γὰρ τῶν ἀνθρώπων τὰ ἀλλότρια τρώγοντες καὶ πίνοντες τὰ ἀλλότρια περιεργάζονται, τινὲς δὲ τῶν ἰδίων μνημονεύοντες κακῶν τὰ ἀλλότρια οὐ περιεργάζονται." ὁ Ξάνθος λέγει "εἰ οὖν λέγεις ἄνθρωπον ἀπερίεργον εἶναι, ἕτερόν σοι θήσω νόμον καὶ ὃν προεθέμην ἀκυρώσω. ἕτερος τῇ ἑξῆς τὸ δεῖπνον σκευάσει, σὺ δέ μοι πορευθεὶς κάλει μοι ἀπερίεργον ἄνθρωπον ἐπὶ δεῖπνον. καὶ ἐάν τι περιεργάσηται, τὸ πρῶτον σιωπήσω, τὸ δεύτερον συγγνώμην δώσω, τὸ τρίτον δαρήσῃ καὶ τὴν τύρχην λήψῃ."

57-59. Αἴσωπος ἀκούσας τὰ ῥηθέντα αὐτῷ παρὰ τοῦ Ξάνθου, τῇ ἐπαύριον ἀπελθὼν εἰς τὴν ἀγορὰν ἐζήτει ἄνθρωπον ἀπερίεργον...καὶ δὴ θεωρεῖ ἄνθρωπον τὸ μὲν ἰδέσθαι ἄγροικον, πολιτικὸν δὲ τοῖς ἤθεσιν, ὀνάριον ἐλαύνοντα μεστὸν ξύλων καὶ τὴν τῶν πολλῶν ἀνθρώπων ὑπεσταλμένον ὄχλησιν καὶ πρὸς τὸ ὀνάριον λαλοῦντα. τοῦτον ἰδιοπράγμονα καὶ ἀπερίεργον στοχασάμενος συνηκολούθησεν αὐτῷ. ὁ ἄγροικος τῷ ὀναρίῳ ἐπικαθήμενος ἔλεγεν πρὸς αὐτὸν καθ' ὃν περιεπάτει· "ἄγωμεν, ὅπως τάχιον φθάσωμεν καὶ πραθῇ τὰ ξύλα ἀσσαρίων ι'β', καὶ κατάξεις σὺ τὰ δύο εἰς χόρτον, τὰ δύο δὲ ἐγὼ εἰς ἐμαυτόν, τὰ δὲ ὀκτὼ τηρήσομεν εἰς δευτέρας τύχας, μή τις ἀσθένεια ἐπιδράμῃ ἢ χειμὼν αἰφνιδίως γενόμενος ἀνεξόδους ἡμᾶς ποιήσῃ· ἐὰν γὰρ σήμερον κριθὰς φάγῃς, εἶτα γένηται αἰφνίδιόν τι ἐναντίον, οὔτε χόρτον οὔτε κριθὰς ἕξεις φαγεῖν."

60. Αἴσωπος ἀκούων ταῦτα πρὸς ἑαυτὸν εἶπεν "νὴ τὰς Μούσας, ἀπερίεργός μοι φαίνεται ὁ ἄνθρωπος οὗτος· προσελεύσομαι πρὸς αὐτόν." εἶτα προσεγγίσας λέγει "πατερίων, χαίροις." ὁ ἄγροικος ἀντησπάσατο. Αἴσωπος λέγει "πόσου τὰ ξύλα;" ὁ ἄγροικος εἶπεν "ι'β' ἀσσαρίων." Αἴσωπος λέγει "ἀληθῶς, ὅσου προέθετο, τοσούτου καὶ πωλεῖ." εἶτα λέγει "πατερίων, οἶδας Ξάνθον τὸν

φιλόσοφον;" ὁ ἄγροικος εἶπεν "οὐχί, τέκνον." Αἴσωπος
λέγει "διὰ τί;" ὁ ἄγροικος εἶπεν "ὅτι οὐκ εἰμὶ περίεργος·
ἀκούω γὰρ αὐτόν." Αἴσωπος λέγει "πολλά σοι ἀγαθὰ
γένοιτο. ἐκείνου εἰμὶ δοῦλος." ὁ ἄγροικος εἶπεν "τοῦτο γὰρ
ἐγώ σε ἐξήτησα, πότερον δοῦλος εἶ ἢ ἐλεύθερος; τί δέ μοι
τοῦτο διαφέρει;" Αἴσωπος λέγει "ἀληθῶς ἀπερίεργός
ἐστιν. πατερίων, πέπραταί σοι τὰ ξύλα. ἔλασον εἰς τὴν
οἰκίαν Ξάνθου τὸ ὀνάριον." ὁ ἄγροικος εἶπεν "ἀλλὰ τὴν
οἰκίαν οὐκ οἶδα ποῦ ἐστιν." Αἴσωπος λέγει "ἀκολούθει μοι
καὶ μαθήσῃ."

61. καὶ ἤγαγεν αὐτὸν εἰς τὴν οἰκίαν καὶ καθεῖλεν τὰ
ξύλα καὶ ἔδωκεν αὐτῷ τὴν τιμὴν καὶ εἶπεν "πατερίων, ὁ
δεσπότης μου ἐρωτᾷ σε δειπνῆσαι παρ' αὐτῷ· κατάλιπε
οὖν τὸ ὀνάριον εἰς τὸ μεσίαυλον καὶ ἐπιμελείας τεύξεται."
ὁ ἄγροικος, εἰσελθὼν εἰς τὸ δεῖπνον καὶ μὴ
περιεργασάμενος ἐκ ποίας αἰτίας καλεῖται, εἰσῆλθεν οὕτως
σὺν τῷ πηλῷ ὡς ἦν καὶ τοῖς ὑποδήμασιν. ὁ Ξάνθος εἶπεν
"οὗτός ἐστιν ὁ ἀπερίεργος;" ὁ Ξάνθος ἰδὼν ὅτι
ἐπαγγέλλεται Αἴσωπος τὰ μέγιστα περὶ αὐτοῦ, λέγει τῇ
ἑαυτοῦ γυναικί "κυρά, θέλεις τὸν Αἴσωπον παιδευθῆναι;"
ἡ γυνὴ τοῦ Ξάνθου λέγει "τοῦτο εὔχομαι." ὁ Ξάνθος εἶπεν
"ποίησον οὖν ὡς λέγω σοι, καὶ ἀναστᾶσα τὴν λεκάνην τῷ
ξένῳ προσένεγκε ὡς ὀφείλουσα νίψαι αὐτοῦ τοὺς πόδας.
κἀκεῖνος ἀπὸ τῆς ἀξίας σου ἐπιγνώσεται ὅτι οἰκοδέσποινα
εἶ καὶ οὐ μὴ ἐάσηταί σε, ἀλλ' ἐρεῖ σοι 'κυρά, δοῦλος οὐκ
ἔστιν, ἵνα μου νίψῃ τοὺς πόδας;' καὶ φανήσεται περίεργος
καὶ Αἴσωπος δαρήσεται." ἡ γυνὴ τοῦ Ξάνθου διὰ τὸ μῖσος
τὸ πρὸς τὸν Αἴσωπον περιζωσαμένη λέντιον καὶ ἕτερον
βαλοῦσα περὶ τοὺς ὤμους προσέφερεν τὴν λεκάνην τῷ
ξένῳ. ὁ ξένος νοήσας ὅτι ἐστὶν ἡ οἰκοδέσποινα πρὸς
ἑαυτὸν εἶπεν "Ξάνθος ἐστὶ φιλόσοφος· εἰ ἤθελεν τοὺς
πόδας μου ὑπὸ δούλου πλυθῆναι ἐπιτετάχει ἄν, εἰ δέ μοι
τιμὴν παρέχων τὴν γυναῖκα τὴν ἑαυτοῦ ἠνάγκασεν νίψαι
μου τοὺς πόδας, ἐμαυτῷ ἀτιμίαν οὐ περιβάλλω, οὐ

περιεργάσομαι, ἀλλὰ προτείνοντός μου τοὺς πόδας
νίψομαι." καὶ δὴ νιψάμενος ἀνεπάη.

62. ὁ Ξάνθος εἶπεν "σοφῶς, νὴ τὰς Μούσας." καὶ εἶπεν
τῷ ξένῳ πρώτῳ δοθῆναι πιεῖν οἰνόμελι. ὁ ξένος πρὸς
ἑαυτὸν εἶπεν "τοὺς οἰκοδεσπότας ἔδει πρῶτον πιεῖν, ἀλλ᾽
ἐμοὶ τὴν τιμὴν παρέχων ὁ φιλόσοφος πρώτῳ διετάξατο
δοθῆναι πιεῖν· οὐ περιεργάσομαι οὖν." καὶ λαβὼν ἔπιεν. ὁ
Ξάνθος ἐπέτρεψεν δεῖπνον εἰσενεχθῆναι. εἰσήχθη λοπὰς
ἰχθύων. ὁ Ξάνθος τῷ ἀγροίκῳ εἶπεν "ἔσθιε." ὁ ἄγροικος
ὡς Χάρυβδις ἤρξατο καταπίνειν. ὁ Ξάνθος γευσάμενος
καὶ θέλων ἐκκαλέσασθαι τὸν ἄγροικον, ἵνα εἰς λόγον
φανῇ περίεργος, λέγει "ὁ παῖς, κάλει τὸν μάγειρον." ὁ δὲ
εἰσῆλθεν. ὁ Ξάνθος λέγει "λέγε μοι, δραπέτα, διὰ τί
λαμβάνων τὰ ἐπιτήδεια οὔτε ἀρκετὸν ἔλαιον ἔβαλες οὔτε
γάρον οὔτε πέπερι; ἐκδύσατε αὐτὸν καὶ δείρατε." ὁ
ἄγροικος πρὸς ἑαυτὸν εἶπεν "καλῶς ἤρτυται καὶ οὐδὲν
λείπει· εἰ δὲ Ξάνθος μαινόμενος πρὸς τὸν μάγειρον ἑαυτοῦ
θέλει αὐτὸν δεῖραι, οὐ περιεργάσομαι." δέρεται ὁ
ταλαίπωρος μάγειρος. ὁ Ξάνθος ἐν ἑαυτῷ λέγει "δοκῶ ὅτι
ὁ ἄνθρωπος οὗτος κωφός ἐστιν ἢ νωδὸς καὶ οὐ λαλεῖ
ὅλως." εἶτα μετὰ τὸ δεῖπνον ὁ πλακοῦς εἰσήχθη. ὁ
ἄγροικος μηδέποτε ἐζωγραφημένον ἰδὼν πλακοῦντα
ἄρχεται τετραγώνους ποιῶν ψωμοὺς ὡς πλίνθους
καταπίνειν.

63. ὁ Ξάνθος γευσάμενος πάλιν ἀνέκραγεν "τὸν
πλακουντάριόν τις καλείτω." εἰσῆλθεν. ὁ Ξάνθος λέγει
"κατάρατε, διὰ τί ὁ πλακοῦς οὔτε μέλι ἔχει οὔτε πέπερι,
οὔτε στρόβιλον ἔχει, ἀλλὰ καὶ ἐπώξισεν;" ὁ
πλακουντάριος εἶπεν "κῦρι, εἰ ὠμός ἐστιν ὁ πλακοῦς, ἐμοὶ
ἐγκάλει, εἰ δὲ μέλι οὐκ ἔχει καὶ ἐπώξισεν, οὐκ ἐγὼ αἴτιος
ἀλλ᾽ ἡ κυρά· ποιήσας γὰρ τὸν πλακοῦντα ἐζήτησα αὐτῆς
μέλι, ἡ δέ μοι εἶπεν 'ἐὰν ἔλθω ἐκ τοῦ βαλανείου προβάλω.'
βραδυνούσης οὖν αὐτῆς, μὴ λαβὼν ταχὺ μέλι, ἐπώξισεν."
ὁ Ξάνθος λέγει "εἰ οὖν παρὰ τὴν τῆς γυναικός μου

ἀμέλειαν γέγονεν, ἄρτι ζῶσαν αὐτὴν καύσω." ὁ Ξάνθος εἶπεν "κυρά, σὺ ὑποκρίνου. ἄγε, Αἴσωπε, κληματίδας εἰσένεγκε εἰς τὸ μέσον καὶ ποίησον πυράν." Αἴσωπος εἰσενέγκας ἐποίησεν πυρὰν μεγάλην. ὁ Ξάνθος τὴν ἑαυτοῦ γυναῖκα παραλαβὼν ἤγαγεν εἰς τὸ μέσον καὶ παρετηρεῖτο τὸν ἄγροικον, εἰ ἀγανακτήσας ἀναπηδήσει καὶ μὴ ἀφήσει.

64. ὁ ἄγροικος οὐ προσεποιήσατο, ἀλλὰ ἀνακείμενος ἑαυτῷ προέπινεν. καὶ νοήσας ὅτι αὐτὸν πειράζει ὁ Ξάνθος, λέγει πρὸς αὐτὸν ὁ ἄγροικος "κῦρι, εἰ τοῦτο κέκρικας, ἀλλὰ μικρὸν μεῖνον, ἕως κἀγὼ δραμὼν εἰς τὸν ἀγρὸν τὴν γυναῖκά μου ἀγάγω, καὶ ὁμοῦ τὰς δύο κατάκαυσον." ὁ Ξάνθος, θαυμάσας τὸ εὔψυχον τοῦ ἀνδρὸς τοῦ ἀπεριέργου, λέγει "Αἴσωπε, ὁμολογῶ νενικῆσθαι ὑπὸ σοῦ· ἀρκεῖ· ἐμπαίζων μοι λῆξον τὸ λοιπὸν καὶ εὐνοϊκῶς μοι δούλευε." Αἴσωπος· "οὐκέτι με μέμψει, δέσποτα, γνώσῃ δὲ εὔνοιαν οἰκέτου."

65. Τῇ ἑξῆς ὁ Ξάνθος εἶπεν τῷ Αἰσώπῳ "ἀπελθὼν ἴδε εἰ πολλοί εἰσιν ἄνθρωποι εἰς τὸ βαλανεῖον." Αἴσωπος πορευόμενος ὑπηντήθη τῷ στρατηγῷ. ὁ στρατηγὸς γινώσκων τὸν Αἴσωπον λέγει αὐτῷ "Αἴσωπε, ποῦ ὑπάγεις;" Αἴσωπος εἶπεν "οὐκ οἶδα." ὁ στρατηγὸς εἶπεν "ἐρωτῶ σε ποῦ ὑπάγεις καὶ λέγεις οὐκ οἶδα;" Αἴσωπος εἶπεν "οὐκ οἶδα, μὰ τὰς Μούσας." ὁ στρατηγὸς ἐκέλευσεν αὐτὸν ἀπαγάγαι ἐν τῇ φυλακῇ. Αἴσωπος λέγει "δέσποτα, ὁρᾷς ὅτι καλῶς σοι εἶπον, μὴ εἰδὼς ὅτι εἰς φυλακὴν ἀπαχθήσομαι." ὁ στρατηγὸς καταπλαγεὶς ἀπέλυσεν αὐτόν.

66. Αἴσωπος ἀπελθὼν εἰς τὸ βαλανεῖον εἶδεν πολὺν ὄχλον τῶν λουομένων καὶ πρὸ τῆς εἰσόδου τοῦ βαλανείου λίθον κείμενον—ἀμελῶς τε ἔκειτο—καὶ τὸν καθ' ἕνα τῶν εἰσιόντων προσκόπτοντα καὶ καταρώμενον τὸν τεθεικότα τὸν λίθον, μηδένα δὲ μετατιθέντα τὸν λίθον. ἔτι δὲ αὐτοῦ θαυμάζοντος ἐπὶ τῇ τῶν προσκοπτόντων ἀνοίᾳ, εἷς προσκόψας "κακῶς" φησιν "γένοιτο τῷ τεθεικότι τὸν λίθον ἐνθάδε," καὶ μεταθεὶς τὸν λίθον εἰσῆλθεν. παραγενόμενος δὲ ὁ Αἴσωπος τῷ Ξάνθῳ λέγει "δέσποτα, ἕνα ἄνθρωπον εὗρον ἐν τῷ βαλανείῳ." ὁ Ξάνθος λέγει "ἕνα; καιρός ἐστιν τὸ εὐρυχώρως λούσασθαι. ἆρον τὰ πρὸς βαλανεῖον." καὶ εἰσελθὼν ὁ Ξάνθος καὶ θεασάμενος τὸν λουόμενον πολὺν ὄχλον λέγει "Αἴσωπε, οὐκ εἶπάς μοι 'ἕνα ἄνθρωπον εὗρον ἐν τῷ βαλανείῳ';" Αἴσωπος λέγει "καὶ μάλα. ὁρᾷς τοῦτον τὸν λίθον; πρὸς τὴν εἴσοδον ἔκειτο καὶ πάντες οἱ λουόμενοι εἰς αὐτὸν προσέκοψαν, καὶ οὐδεὶς εἶχεν ἀνθρωπίνας φρένας μετατιθέναι τὸν λίθον. ἐπὶ πᾶσι τούτοις τοῖς προσκόψασιν ἄνθρωπος εἷς προσκόψας μετέθηκε τὸν λίθον εἰς τὸ μηκέτι τοὺς εἰσερχομένους τὸ αὐτὸ παθεῖν. ἐκεῖνον δοκιμάσας παρὰ τοὺς ἄλλους ἀνθρώπους ἄνθρωπον εἶναι, ἐδήλωσά σοι τὴν ἀλήθειαν." Ξάνθος· "οὐδὲν παρὰ Αἰσώπου ἀργὸν πρὸς ἀπολογίαν ὧν ἁμαρτάνει."

67. Λουσάμενος δὲ ὁ Ξάνθος καὶ καλέσας τὸν Αἴσωπον τὰ πρὸς τὸ δεῖπνον βαστάζειν παρεγένετο εἰς τὸ δεῖπνον. τοῦ δὲ πότου προκόπτοντος ἐνύσσετο τὸ κυλίδιον τοῦ Ξάνθου τῶν φυσικῶν καλούντων αὐτὸν εἰς ἀποχώρησιν. ἐξῆλθεν καὶ ὁ Αἴσωπος καὶ παρεστήκει ἔχων λέντιον καὶ ξέστην ὕδατος. καὶ ὁ Ξάνθος αὐτῷ· "δύνασαί μοι εἰπεῖν διὰ ποίαν αἰτίαν, ἐπὰν χέζωμεν, πυκνὰ εἰς τὸ ἀφόδευμα ἑαυτῶν βλέπομεν;" Αἴσωπος· "ὅτι κατὰ τοὺς πάλαι χρόνους βασιλέως υἱὸς ἐγένετο ὅστις διὰ τὴν σπατάλην καὶ τρυφὴν ἐπὶ πολὺν χρόνον ἐκαθέζετο χέζων, ἐπὶ τοσοῦτον δὲ χρόνον, ἄχρις οὗ ἐπιλαθόμενος τὰς ἰδίας φρένας ἔχεσεν. ἀπ' ἐκείνου δὲ τοῦ χρόνου οἱ ἄνθρωποι χέζοντες ὑποκύπτουσιν φοβούμενοι μὴ καὶ αὐτοὶ τὰς ἰδίας φρένας χέσωσιν. σὺ δὲ μηδὲν ἀγωνία περὶ τούτου· οὐ μὴ γὰρ χέσῃς σου τὰς φρένας, οὐκ ἔχεις γάρ."

68. Εἰσβαλὼν δὲ πάλιν ὁ Ξάνθος ἀνέπεσεν. τοῦ δὲ πότου διιππεύοντος καὶ ἤδη τοῦ Ξάνθου παρεμβρόχου γεναμένου, ὡς ἐν ἀνδράσι φιλοσόφοις ἐτίθεντο

προβλήματα καὶ ζητήματα. γενομένης δὲ μάχης ἀπὸ τῆς
τῶν προβλημάτων προθέσεως ἤρξατο ὁ Ξάνθος συζητεῖν,
καὶ οὐχ ὡς ἐν πότῳ ἀλλ' ὡς ἐν ἀκροατηρίῳ διεγένετο.
ὁ δὲ Αἴσωπος ἐπιγνοὺς ὅτι μέλλει μάχην ποιεῖν λέγει "ὁ
Διόνυσος εὑρὼν τὸν οἶνον, τρεῖς σκύφους κεράσας, τοῖς
ἀνθρώποις ὑπέδειξεν πῶς δεῖ τῷ πότῳ χρᾶσθαι· τὸν μὲν
πρῶτον εἶναι τῆς ἡδονῆς, τὸν δὲ δεύτερον τῆς
εὐφροσύνης, τὸν δὲ τρίτον τῆς ἀκηδίας. δι' ὅ, δέσποτα,
πίνων τὸν τῆς ἡδονῆς καὶ τῆς εὐφροσύνης σκύφον,
παραχώρει τὸν τῆς ἀκηδίας τοῖς νέοις. ἔχεις γὰρ
ἀκροατήρια ἐν οἷς ἔδωκας ἀπόδειξιν." ὁ δὲ Ξάνθος ἤδη
μεθύων φησίν "οὐ σιωπᾷς, μάνδραξ; σύμβουλος εἶ Ἅιδου."
Αἴσωπος· "ἐκδέχου, καὶ εἰς Ἅιδου ἀπελεύσῃ."

69. καὶ εἷς τῶν σχολαστικῶν, ἰδὼν τὸν Ξάνθον
ἐπιφερόμενον, λέγει "καθηγητά, πάντα ἀνθρώπῳ δυνατά;"
ὁ Ξάνθος· "τίς ἤρξατο τὸν ὑπὲρ ἀνθρώπου ποιεῖσθαι
λόγον; ὡς πανοῦργον τὸ ζῷον καὶ δυνατὸν ἐν πᾶσιν." ὁ δὲ
σχολαστικὸς δραμὼν εἰς τὰ ἀπόρρητα λέγει εἰ δύναταί τις
τῶν ἀνθρώπων τὴν θάλασσαν ἐκπιεῖν. ὁ Ξάνθος λέγει
"τοῦτο εὔκολον· ἐγὼ αὐτὴν ἐκπίομαι." ὁ σχολαστικὸς
εἶπεν "ἐὰν οὖν μὴ ἐκπίῃς, τί ἐστιν;" ὁ Ξάνθος
προνενικημένος ὑπὸ τοῦ πολλοῦ ἀκράτου φησίν "τίθημι
περὶ τοῦ βίου μου τὰς συνθήκας· ἐὰν μὴ ἐκπίωμαι αὐτὴν
ἔσομαι ἄβιος." προβαλόντες δὲ τοὺς δακτυλίους
ἐκύρωσαν τὰς συνθήκας. Αἴσωπος παρὰ τοὺς πόδας τοῦ
Ξάνθου ἑστηκὼς κόνδυλον αὐτῷ ἔδωκεν εἰς τὸν
στράγαλον καί φησι "τί ποιεῖς, δέσποτα; οὐ φρονεῖς; πῶς
δύνασαι τὴν θάλασσαν ἐκπιεῖν;" ὁ Ξάνθος εἶπεν
"σιώπησον σύ, κάθαρμα," οὐκ εἰδὼς ποταπὴν ἔθηκεν τὴν
συνθήκην.

70. πρωίας δὲ ἀναστὰς ὁ Ξάνθος καὶ θέλων
ἀπονίψασθαι τὴν ὄψιν φησίν "Αἴσωπε." ὁ δέ· "τί ἐστιν,
δέσποτα;" ὁ Ξάνθος· "κατὰ χειρῶν ὕδωρ ἐπίδος."
Αἴσωπος λαβὼν τὸν ξέστην ἐπέχεεν. ὁ δὲ τὴν ὄψιν

Life of Aesop 25

ἀπονιψάμενος, τὸ δακτυλίδιον οὐκ ἰδών φησιν "Αἴσωπε, τί μου γέγονεν ὁ δακτύλιος;" Αἴσωπος· "οὐκ οἶδα." Ξάνθος· "οὐᾶ." Αἴσωπος· "τοιγαροῦν ὅσα δύνασαι τοῦ βίου σου λαθὼν αἶρε καὶ ἀπόθου εἰς δευτέρας τύχας· οὐκέτι γὰρ ὁ βίος σός ἐστιν." ὁ δὲ Ξάνθος· "τί λέγεις;" Αἴσωπος· "παρὰ τὸν χθὲς πότον συνθήκας τέθεικας τὴν θάλασσαν ἐκπιεῖν, ὑπὲρ τοῦ βίου σου τὸ δακτυλίδιον προβαλών." ὁ Ξάνθος· "καὶ πῶς δυνήσομαι ἐγὼ τὴν θάλασσαν ἐκπιεῖν;" Αἴσωπος εἶπεν "ἐγὼ ἑστώς σου πρὸς τοὺς πόδας ἔλεγον 'παῦσαι, δέσποτα. τί ποιεῖς; ἀδύνατόν ἐστι.' καὶ οὐκ ἐπίστευσάς μοι." Ξάνθος πεσὼν πρὸς τοὺς πόδας τοῦ Αἰσώπου φησίν "δέομαί σου, Αἴσωπε, εἰ δυνατόν σοι διὰ τῆς σεαυτοῦ ἀγχινοίας εὑρεῖν τινα πρόφασιν δι' ἧς νικήσω ἢ τὰς συνθήκας διαλύσομαι." Αἴσωπος· "νικῆσαι μὲν οὐ δύναμαι, λυθῆναι δὲ τὸ ἐρωτώμενον ἐγὼ ποιήσω." Ξάνθος· "τίνα τρόπον; δὸς γνώμην."

71. Αἴσωπος· "ὅταν ἔλθῃ ὁ συνθηκοφύλαξ σὺν τῷ ἀντιδίκῳ λέγων σοι τὴν θάλασσαν ἐκπιεῖν, μηδὲν ἀπαρνοῦ, ἀλλ' ἅπερ παροινῶν ἔθου ταῦτα καὶ νήφων λέγε. ἆρον τράπεζαν, κέλευσον παρατεθῆναι καὶ παιδία παριστάναι. τοῦτο ποιήσει τινὰ φαντασίαν· συνδραμεῖται γὰρ πᾶς ὁ ὄχλος ἐπὶ τὴν θέαν, ὡς μέλλοντός σου τὴν θάλασσαν ἐκπίνειν. ὅταν δὲ ἴδῃς ὅτι πάντα πεπλήρωνται τοῦ ὄχλου, πλήσας σκύφον ἐκ τῆς θαλάσσης καὶ προσκαλεσάμενος τὸν συνθηκοφύλακα λέγε 'πῶς ἔθηκα τὴν συνθήκην;' καὶ ἐρεῖ σοι 'ἵνα τὴν θάλασσαν ἐκπίῃς.' σὺ δὲ εἰπέ 'μή τι ἕτερον;' καὶ ἐρεῖ σοι 'οὔ.' σὺ δὲ τοῦτο μαρτυρούμενος λέγε 'ἄνδρες πολῖται, πολλοί εἰσιν ποταμοὶ χείμαρροί τε ἀένναοι, οἵτινες εἰς τὴν θάλασσαν ἀπορρέονται. τέθεικα δὲ συνθήκην μόνην τὴν θάλασσαν ἐκπιεῖν, οὐχὶ δὲ καὶ πρὸς τοὺς ἐπιρρέοντας ποταμούς· κλεισάτω οὖν ὁ ἀντίδικος τὰ στόματα τῶν ποταμῶν, ἵνα τὴν θάλασσαν μόνην ἐκπίω. ἀδύνατον δέ ἐστιν τῶν καθόλου ὄντων εἰς τὸν κόσμον ποταμῶν τὰ στόματα κλεῖσαι· ἀδύνατον δέ ἐστιν καὶ ἐμὲ τὴν θάλασσαν ἐκπιεῖν.'

οὕτως τὸ ἀδύνατον τῷ ἀδυνάτῳ συμβληθὲν διάλυσιν τῶν συνθηκῶν ποιήσει."

72. Ξάνθος ἐκπλαγεὶς αὐτοῦ τὸ εὐεπινόητον καὶ περιχαρὴς γενάμενος περιέμενεν. ὁ δὲ τὴν συνθήκην θεὶς παρεγένετο μετὰ τῶν τῆς πόλεως πρωτευόντων πρὸ τοῦ πυλῶνος καὶ καλέσας τὸν Ξάνθον ἔφη "τὴν συνθήκην ἐκβίβασον ἢ τὸν βίον σου παράδος." Αἴσωπος εἶπεν "σὺ τοῦ σοῦ βίου εἰσδίδου λόγους· ἤδη γὰρ ἡμῖν ἡμίκενός ἐστιν ἡ θάλασσα." ὁ σχολαστικὸς εἶπεν "Αἴσωπε, ἐμὸς ἔσῃ δοῦλος, οὐκέτι Ξάνθου." Αἴσωπος· "παράδος μᾶλλον τὸν βίον σου τῷ δεσπότῃ μου, καὶ μὴ φλυάρει." καὶ ταῦτα εἰπὼν ἐκέλευσεν προσφέρεσθαι κλίνην καὶ παρὰ τὸν αἰγιαλὸν στρωννύεσθαι, καὶ παρέθηκε τράπεζαν καὶ ἐκπόματά τινα. συνέδραμέν τε τὸ πλῆθος ἅπαν καὶ κατῆλθεν ὁ Ξάνθος καὶ ἀνέπεσεν. καὶ ὁ Αἴσωπος παρειστήκει αὐτῷ καὶ τῶν σκύφων ἕνα πληρώσας ἐκ τῆς θαλάσσης ἐπέδωκε τῷ δεσπότῃ. ὁ σχολαστικός· "πολλά μοι κακά, ἀληθῶς ἐκπίνει τὴν θάλασσαν;" ἄλλος· "προσομολογῶ."

73. μέλλων δὲ προστιθέναι ὁ Ξάνθος τὸ πόμα πρὸς τὸ στόμα λέγει "ὁ συνθηκοφύλαξ, ἐλθέ." ἧκεν. καὶ λέγει αὐτῷ ὁ Ξάνθος "πῶς ἔθηκα τὴν συνθήκην;" ὁ σχολαστικός· "τὴν θάλασσαν ἐκπιεῖν σε." ὁ Ξάνθος· "μή τι ἕτερον;" ὁ συνθηκοφύλαξ· "οὔ." Ξάνθος τῷ δήμῳ λέγει "ἄνδρες πολῖται, οἴδατε ὅτι πολλοί εἰσιν ποταμοὶ χείμαρροί τε καὶ ἀέννναοι, οἵτινες εἰς τὴν θάλασσαν ἀπορρέονται. ἐγὼ δὲ μόνον τὴν θάλασσαν ἐκπιεῖν ἔθηκα τὴν συνθήκην, οὐχὶ δὲ καὶ τοὺς ποταμούς· κλεισάτω οὖν ὁ ἀντίδικός μου τὰ στόματα τῶν ποταμῶν, ἵνα μὴ σὺν τῇ θαλάσσῃ καὶ τοὺς ποταμοὺς ἐκπίω." καὶ νενίκηκεν ὁ φιλόσοφος. ἐγένετο δὲ κραυγὴ τῶν ὄχλων τιμώντων τὸν Ξάνθον. ὁ δὲ σχολαστικὸς πεσὼν εἰς τοὺς πόδας τοῦ Ξάνθου λέγει "καθηγητά, μέγας εἶ, νενίκηκας, ὁμολογῶ. παρακαλῶ δὲ συλλυθῆναι τὰς συνθήκας." καὶ διέλυσαν τὰς συνθήκας.

Life of Aesop 27

74. Αἴσωπος τῷ Ξάνθῳ λέγει "δέσποτα, τὸν βίον σου ἔσωσα· ἄξιός εἰμι ἐλευθερίας τυχεῖν." Ξάνθος· "οὐκ ἡσυχάζεις; τοῦτο γὰρ κἀγὼ οὐκ ἐνενόουν;" ὁ δὲ Αἴσωπος λυπηθείς, οὐκ ἐπὶ τὸ μὴ λαβεῖν τὴν ἐλευθερίαν ἀλλ' ἐπὶ τὸ ἀχαριστηθῆναι, ἀνείχετο. καὶ εἶπεν ὁ Ξάνθος "τὴν ἐμὴν σωτηρίαν ...

Chs. 75-76 from Vita W

75. Ἐν μιᾷ οὖν τῶν ἡμερῶν μονωθείς, ἐκδυσάμενος καὶ τὰς χεῖρας ἑαυτοῦ κροτῶν καὶ τινάσσων, ἤρξατο ποιεῖν τὸ ποιμενικὸν καὶ ἄτακτον σχῆμα. ἡ δὲ τοῦ Ξάνθου γυνή, ἐκ τοῦ οἴκου αἴφνης καταλαβοῦσα, φησίν "Αἴσωπε, τί τοῦτο," ὁ δὲ λέγει "κυρία, εὐεργετοῦμαι καὶ τὴν γαστέρα ὠφελεῖ." θεασαμένη δὲ ἐκείνη τὸ μῆκος καὶ τὸ πάχος τῆς αἰδοῦς αὐτοῦ ἑάλω, καὶ ἐπιλαθομένη τῆς ἀμορφίας αὐτοῦ εἰς ἔρωτα ἐτρώθη. φωνήσασα δὲ αὐτὸν κατ' ἰδίαν φησί "νῦν μοι ἐὰν τὰ ἀρεστὰ ποιήσῃς μὴ ἀντιπίπτων, ἔσῃ εὐφραινόμενος πλεῖον τοῦ κυρίου σου." ὁ δὲ πρὸς αὐτήν· "οἶδας ὅτι ἐὰν ὁ δεσπότης μου τοῦτο μάθῃ, οὐ μικρὸν ἐπάξιον λυγρὸν ἀνταμείψει." ἡ δὲ γελάσασα ἔφη "ἐάν μοι δεκάκις συνέλθῃς, στολήν σοι ἱματίων χαρίσομαι." ὁ δέ φησιν "ὄμοσόν μοι." ἐκείνη δὲ καπριῶσα ὤμοσεν αὐτῷ. ὁ δὲ Αἴσωπος πιστεύσας, θέλων δὲ καὶ τῷ δεσπότῃ ἀνταμύνασθαι, ἐπετέλει τὸ πάθος ἕως ἐννέα, καί φησι "κυρία, ἄλλο οὐ δύναμαι." ἡ δὲ πεῖραν λαβοῦσα λέγει "εἰ μὴ τὰ δέκα πληρώσεις οὐδὲν λαμβάνεις." πολλὰ οὖν κοπιάσας τὸ δέκατον εἰς τὸν μηρὸν ἐτέλεσεν, καί φησι "δός μοι τὰ ἱμάτια, ἐπεὶ ἐγκαλῶ κατὰ σοῦ τῷ δεσπότῃ." ἔφη δὲ ἡ γυνή "ἐγὼ εἰς τὸν ἐμόν σε ἐμισθωσάμην ἀγρὸν σκάπτειν· σὺ δὲ ὑπερβὰς τὸ μεσότοιχον εἰς τὰ τοῦ γείτονος ἔσκαψας. ἀπόδος οὖν, καὶ λάβε τὴν στολήν."

76. ὁ δὲ Αἴσωπος ἐλθόντι τῷ Ξάνθῳ προσῆλθε καί φησι "κριθῆναί με μετὰ τῆς κυρίας μου ἐπὶ σοί." ὁ δὲ ἀκούσας, "τί;" φησι. καὶ ὁ Αἴσωπος· "δέσποτα, ἡ κυρία μετ' ἐμοῦ πορευομένη εἶδε κοκκυμηλέαν κατάκαρπον. θεασαμένη κλάδον ἕνα πλήρη ἐπιθυμήσασα λέγει 'ἐὰν δυνήσῃ ἑνὶ λίθῳ βαλεῖν μοι δέκα κοκκύμηλα παρέχω σοι στολὴν ἱματίων.' βαλὼν οὖν ἐγὼ εὐστόχως ἑνὶ λίθῳ ἤνεγκα αὐτῇ δέκα, ἓν δὲ ἐξ αὐτῶν ἔλαχεν εἰς κόπρον ἐμπεσεῖν, καὶ νῦν οὐ θέλει μοι τὴν στολὴν δοῦναι." ἐρίσασα δ' ἐκείνη λέγει τῷ ἀνδρί "ὁμολογῶ εἰληφέναι τὰ ἐννέα, τὸ δὲ εἰς τὴν κόπρον οὐ λογίζομαι· βαλλέτω οὖν πάλιν καὶ ἐκτιναξάτω μοι τὸ ἓν κοκκύμηλον, καὶ λαμβανέτω τὰ ἱμάτια." Αἴσωπος ἔφη "οὐκέτι μου ὁ καρπὸς εὐτονεῖ." ἔκρινεν οὖν Ξάνθος δοθῆναι τῷ Αἰσώπῳ τὴν στολὴν καί φησι πρὸς αὐτόν "Αἴσωπε, πορευσώμεθα ἕως τῆς ἀγορᾶς, ὅτι νωχλεύω· ἅμα δὲ ἐκτινάξεις μοι τὰ κοκκύμηλα ὅπως καὶ τῇ κυρίᾳ ἐνέγκωμεν." ἡ δὲ εἶπεν "οὕτως ποιείτω, κύριε, ἐγὼ δὲ ὡς ἐκέλευσας δώσω τὰ ἱμάτια."

Chs. 78-100

78. Καὶ ἐξῆλθεν σὺν τῷ Αἰσώπῳ εἰς τὸ προάστιον, καὶ τῇ τοῦ Αἰσώπου τερπόμενος ὁμιλίᾳ ἐγένετο ἐπὶ τὰ μνήματα καὶ τὰ ἐπιτάφια ἀναγινώσκων ἐτέρπετο. ὁ δὲ Αἴσωπος ἰδὼν ἐπί τινος μνήματος ἀσύμφωνα ἐγκεχαραγμένα στοιχεῖα, Α Β Δ Ο Ε Θ Χ, ἐπιδείξας τῷ Ξάνθῳ φησί "τί ἐστιν ἄρα ταῦτα;" τοῦ δὲ Ξάνθου ζητοῦντος τίς ἡ ὑπογραφὴ καὶ τί δηλοῖ, μὴ εὑρίσκων δεινῶς ἔπασχεν, ἠθύμει, ἐν ἀπορίᾳ καθειστήκει ὅτι φιλόσοφος ὢν τὴν τῶν στοιχείων οὐχ εὕρισκεν λύσιν. καί φησιν "Αἴσωπε, τί ἐννοεῖ;" ὁ δὲ Αἴσωπος ἰδὼν αὐτὸν στρεβλούμενον, θείας αὐτὸς μεταλαβὼν χάριτος καὶ ἀπὸ Μουσῶν τὸ φρόνημα λαχών, λέγει "δέσποτα, ἐάν σοι διὰ ταύτης τῆς στήλης θησαυρὸν εὕρω χρυσίου, τί μοι δώσεις;" ὁ δεσπότης ἀκούσας λέγει "τὴν ἡμίσειαν τοῦ θησαυροῦ καὶ τὴν ἐλευθερίαν."

79. ὁ δὲ Αἴσωπος ἀκούσας, εὐθέως ἄρας ὄστρακόν τι γενναῖον καὶ ἀναποδίσας ἀπὸ τῆς στήλης βήματα τέσσαρα καὶ ὀρύξας τὴν γῆν ἀνήνεγκεν θησαυρὸν χρυσίου καὶ δίδωσιν τῷ δεσπότῃ. καί φησιν "δέσποτα, δὸς τὴν ἐπαγγελίαν." Ξάνθος· "μὰ τοὺς θεοὺς οὐ δώσω, ἐὰν μή μοι εἴπῃς ποίᾳ ἐπινοίᾳ εὗρες τὸν θησαυρόν. τὸ γὰρ μαθεῖν με πολὺ τοῦ εὑρέματός ἐστιν ἀναγκαιότερον." Αἴσωπος λέγει "δέσποτα, ὁ τοῦτον τὸν θησαυρὸν ἐνθάδε καταθέμενος, ἀνὴρ ὢν φιλόσοφος, ἐτήρησεν καὶ ὑπὸ ἀριθμὸν σημείων κατέκρυψεν. ὁρᾷς γὰρ ὡς τῶν λέξεων τὰ πρῶτα ἐχάραξεν γράμματα· λέγει γὰρ Α ἀποβάς, Β βήματα, Δ τέσσαρα, Ο ὄρυξον, Ε εὑρήσεις, Θ θησαυρόν, Χ χρυσίου." ὁ Ξάνθος· "ἀλλὰ μὰ τὸν Δία, ἐπεὶ οὕτως εἶ δραστήριος καὶ συνετός, οὐ τεύξῃ τὴν ἐπαγγελίαν." ὁ Αἴσωπος μαθὼν ὅτι στερεῖται τῆς ἐπαγγελίας λέγει "δέσποτα, αὐτόθεν οὖν σοι παραγγέλλω τὸ χρυσίον ἀποδοῦναι τῷ δεσπότῃ αὐτοῦ." Ξάνθος λέγει "καὶ τίς ἐστιν ὁ δεσπότης τοῦ θησαυροῦ;" Αἴσωπος εἶπεν "ὁ βασιλεὺς Διονύσιος ὁ Βυζάντιος." Ξάνθος· "καὶ τοῦτο πόθεν ἐπέγνως;" Αἴσωπος· "ἀπὸ τῶν γραμμάτων· αὐτὰ γὰρ δηλοῖ." Ξάνθος· "πῶς;" Αἴσωπος· "ἄκουε ἃ λέγει· Α ἀπόδος, Β βασιλεῖ, Δ Διονυσίῳ, Ο ὃν εὗρες, Ε ἐνθάδε, Θ θησαυρόν, Χ χρυσίου."

80. Ξάνθος ἰδὼν αὐτὸν ὅτι καλῶς λέγει φησίν "Αἴσωπε, τοῦ θησαυροῦ λαβὼν τὸ ἥμισυ ἡσύχασον." Αἴσωπος· "μή μοι ὡς χάριν δίδου, ἀλλ' ὡς τοῦ καταθεμένου δυσὶν τὸ χρυσίον καὶ χαριζομένου." Ξάνθος· "πῶς;" Αἴσωπος· "τὰ γράμματα δηλοῖ· λέγει γὰρ Α ἀνέλεσθε, Β βαδίσατε, Δ διέλεσθε, Ο ὃν εὕρατε, Ε ἐνθάδε, Θ θησαυρόν, Χ χρυσίου." Ξάνθος· "σὺ μέγα δαιμόνιον εἶ. δεῦρο εἰς τὴν οἰκίαν ἵνα τὸ χρυσίον διελώμεθα καὶ τὴν ἐλευθερίαν ἀπολάβῃς." γενάμενος δὲ ἐν τῷ οἴκῳ, καὶ φοβούμενος μὴ ποθεν λαβὼν καιρὸν τῷ βασιλεῖ μηνύσῃ τὸν θησαυρόν, ἐκέλευσεν αὐτὸν δεθέντα συγκλεισθῆναι. ὁ δὲ Αἴσωπός φησιν "δὸς τὴν ἐλευθερίαν, ἔχε τὸ χρυσίον." Ξάνθος· "γενναίως· ἵνα κατὰ τὸ τῆς ἐλευθερίας δίκαιον ἰσχυρότερος πρὸς τὴν τοῦ χρυσίου ἀπαίτησιν γίνῃ καὶ πιστότερος πρὸς τὴν τοῦ βασιλέως διαβολήν—οὐ μὴ πείσῃς." ὁ δὲ Αἴσωπος· "ὅρα, δέσποτα· εἰ μὴ αὐτὸς ἰδίᾳ προαιρέσει ἐλευθερώσεις με, βίᾳ αὐτὸς ἀναγκασθήσῃ ποιῆσαι." Ξάνθος εἶπεν "ἐξουθενηθεὶς ἡσύχαζε."

81. Κατ' ἐκείνους δὲ τοὺς καιροὺς ἀρχαιρεσίου γενομένου συνῆλθεν ὁ δῆμος εἰς τὸ θέατρον. ὁ δὲ νομοφύλαξ τὸ βιβλίον τοῦ τῆς πόλεως νόμου εἰσενέγκας, καὶ τὸ δημόσιον δακτύλιον, ἔθηκεν εἰς τὸ μέσον λέγων "ἄνδρες πολῖται, ὃν βούλεσθε νομοφύλακα χειροτονήσατε, ὃς φυλάξειεν τοὺς νόμους καὶ τὸν χρηματιστὴν τῆς πόλεως δακτύλιον τῶν μελλόντων πραγμάτων." ἔτι δὲ αὐτῶν βουλευομένων τίνι τὴν πίστιν ἐγχειρίσωσιν, ἀετὸς καταπτὰς ἥρπασε τὸν δακτύλιον καὶ ἐξέπτη. οἱ δὲ Σάμιοι εἰς ἀγωνίαν γενάμενοι οὐκ εἰς ὀλίγην συμφορὰν ἀπετράπησαν, μέγα τι τὸ σημεῖον νομίσαντες εἶναι. καὶ εὐθέως μάντεις καὶ ἱερεῖς παρεκάλουν ὅπως τὸ σημεῖον τὸ γενάμενον διαλύσωνται. μηδενὸς οὖν δυναμένου τὸ σημεῖον διαλύσασθαι, ἀναστάς τις ἐκ τοῦ πλήθους πρεσβύτης ἔφη "ἄνδρες Σάμιοι, τούτοις μέλλομεν προσέχειν οἵτινες ταῖς ἀπαρχαῖς γαστέρα πληροῦνται καὶ εὐσχημόνως τὸν βίον διακυβεύουσιν. ἀγνοεῖτε δὲ ὅτι οὐκ ἔστιν εὔκολον σημεῖον ἐπιλύσασθαι· εἰ μὴ γάρ τίς ἐστιν ἔμπρακτος παιδείας, σημεῖον οὐ καταδιαιρεῖται. παρ' ἡμῖν δέ ἐστιν Ξάνθος ὁ φιλόσοφος, ὃν ὅλη ἡ Ἑλλὰς οἶδεν· αὐτοῦ δεηθῶμεν ἵνα τὸ σημεῖον διαλύσηται." καθεζομένου δὲ αὐτοῦ τῷ Ξάνθῳ ἐπεφώνουν καὶ ἐδέοντο παρακαλοῦντες ὅπως διακρίνῃ τὸ σημεῖον.

82. ὁ δὲ Ξάνθος ἔστη εἰς τὸ μέσον καὶ μηδὲν εὑρίσκων κατὰ νοῦν εἰπεῖν ἔλαβεν διορίαν ὅπως τὸ σημεῖον ἐπιλύσῃ. μελλούσης δὲ τῆς ἐκκλησίας λύεσθαι ὁ ἀετὸς πάλιν καταπτὰς ἔβαλεν πάλιν τὸ δακτύλιον εἰς δημοσίου δούλου κόλπον. ἠρώτων δὲ τὸν Ξάνθον καὶ περὶ τοῦ δευτέρου σημείου λύσιν διαγνῶναι· ὑποσχόμενος δὲ ἐξῆλθεν σκυθρωπός.

83. καὶ εἰσῄει οὖν εἰς τὸν ἴδιον οἶκον, καί φησι "μέλλω πάλιν Αἰσώπου χάριν ἔχειν, ὥστε τὴν τοῦ σημείου λύσιν λαβεῖν." εἰσελθὼν οὖν φησιν "κάλει τὸν Αἴσωπον." καὶ εἰσῆλθεν δέσμιος. ὁ δὲ Ξάνθος λέγει "λύσατε αὐτόν." Αἴσωπος λέγει "οὐ βούλομαι λυθῆναι." Ξάνθος· "ἀλλὰ λύω σε ἵνα καὶ σύ τι λύσῃς." Αἴσωπος· "οὐκοῦν ἰδίας μου χρείας ἕνεκα λύεις με." Ξάνθος λέγει "παῦσαι, Αἴσωπε, λῆξον τῆς ὀργῆς." Αἴσωπος λυθεὶς εἶπεν "τί βούλει, δέσποτα;" ὁ Ξάνθος διηγήσατο τὸ σημεῖον. Αἴσωπος ὑπέσχετο.

84. τῇ δὲ ἑξῆς Αἴσωπος θέλων αὐτὸν λυπῆσαι λέγει "δέσποτα, εἴ τι περὶ λογικοῦ ζητήματος, ἑτοίμως ἔχω ἀποκρίνασθαι· περὶ οὗ δὲ διηγήσω ἀμήχανόν ἐστιν, οὔτε γὰρ εἰμι μάντις." ἀκούσας δὲ ὁ Ξάνθος καὶ ἀφελπίσας καὶ τοὺς Σαμίους αἰσχυνόμενος ἐλογίσατο ἑαυτὸν διαχειρίσασθαι. καί φησιν "ὁ χρόνος ἤδη πεπλήρωται τῆς διαλύσεως τοῦ σημείου καὶ οὐκ ὑποφέρω τὸν ὄνειδον, ὅτι φιλόσοφος ὢν τὴν ὑπόσχεσιν οὐκ ἐδυνήθην πληρῶσαι." ταῦτα εἰπὼν ὁ Ξάνθος, νυκτὸς γεναμένης, σχοινίου εὐπορήσας ἐξῆλθεν τῆς οἰκίας.

85. ὁ δὲ Αἴσωπος κοιμώμενος εἰς τὸ δωμάτιον εἶδεν τὸν δεσπότην ἄωρον προερχόμενον, αἰσθόμενος δὲ ὃ ἤμελλεν ποιεῖν συνηκολούθησεν αὐτῷ, οὐ μνησικακήσας περὶ τοῦ χρυσίου. ἰδὼν δὲ αὐτὸν ἔξω τῆς πύλης γενάμενον καὶ ἀπό τινος δένδρου βρόχον κάμψαντα, καὶ μέλλοντα τὸν αὐχένα ὑποβαλεῖν, μακρόθεν Αἴσωπος κέκραγεν "ἐπίμεινον, δέσποτα." ὁ δὲ ἐπιστραφεὶς καὶ ἰδὼν τὸν Αἴσωπον πρὸς τὸ λαμπρὸν τῆς σελήνης συντρέχοντα, φησίν "κατελήφθην ὑπὸ τοῦ Αἰσώπου. Αἴσωπε, τί με ἀπὸ τῆς δικαίας ὁδοῦ μετεκαλέσω;" Αἴσωπος εἶπε "δέσποτα, ποῦ ἡ φιλοσοφία σου; ποῦ σου τὸ τῆς παιδείας φρύαγμα; ποῦ σου τὸ τῆς ἐγκρατείας δόγμα; ἔα, δέσποτα, οὕτως εὐχερῶς καὶ ἀψύχως ἐπὶ θάνατον ἔσπευσας, ἵνα κρεμάμενος τὸ ἡδὺ ζῆν ἀπολέσῃς; μετανόησον, δέσποτα."

Ξάνθος· "ἔα με, Αἴσωπε· διάξω γὰρ τὸν μετ' ἀρετῆς θάνατον ἢ τὴν ἐπονείδιστον ἐν βίῳ ζωὴν ἀκλεῶς κτήσομαι." Αἴσωπος· "κατάλειπε τὸν βρόχον, δέσποτα. ἐγώ σοι πειράσομαι τὸ σημεῖον διαλύσασθαι." Ξάνθος εἶπεν "τίνι τρόπῳ;" Αἴσωπος εἶπεν "ἀπάγαγέ με εἰς τὸ θέατρον ἅμα σοὶ καὶ πλάσσου τοῖς ὄχλοις εὔλογον πρόφασιν ἀποστῆναι τοῦ σημείου διὰ τὸ κόσμιον τῆς φιλοσοφίας, καὶ ἐμὲ πρόβαλε ὡς αὐτὸς διδάξας. ἐπιλύσομαι ἐγὼ καὶ εὐκαίρως προσκληθήσομαι λέγειν."

87. Οἱ δὲ Σάμιοι, ἰδόντες τὸν Αἴσωπον καὶ γελάσαντες, ἐπεφώνουν "ἀχθήτω ἄλλος σημειολύτης, ἵνα τοῦτο τὸ σημεῖον διαλύσηται. ὁ δὲ Αἴσωπος ἀκούων ἀμυκτηρίστως, ἡσυχίαν ἑαυτῷ κτησάμενος ἤρξατο λέγειν οὕτως·

88. "ἄνδρες Σάμιοι, †νοεῖν σχεδὸν ἑαυτοὺς† λέγετε ἀτενίσαντες εἰς ἐμέ." οἱ δὲ Σάμιοι εἶπον· "οὗτος τοῦτο τὸ σημεῖον δύναται διαλύσασθαι; τὸ τέρας τῆς ὄψεως αὐτοῦ! βάτραχός ἐστιν, ὗς τροχάζων, ἢ στάμνος κλήνην ἔχων, ἢ πιθήκων πριμιπιλάριος, ἢ λαγυνίσκος εἰκαζόμενος, ἢ μαγείρου σκευοθήκη, ἢ κύων ἐν γυργάθῳ;" Αἴσωπος λέγει· "οὐχὶ τὴν ὄψιν δεῖ θεωρεῖν, ἀλλὰ τὴν φρόνησιν σκοπεῖν. ἄτοπον γάρ ἐστιν ἀνθρώπου ψέγειν τὸν νοῦν διὰ τὸ διάπλασμα τοῦ τύπου. πολλοὶ γὰρ μορφὴν κακίστην ἔχοντες νοῦν ἔχουσι σώφρονα. μηδεὶς οὖν ἰδὼν τὸ μέγεθος ἐλαττούμενον ἀνθρώπου ἃ οὐ τεθεώρηκεν μεμφέσθω, τὸν νοῦν. οὐ γὰρ ἰατρὸς τὸν νοσοῦντα ἀφήλπισεν ἰδών, ἀλλὰ τὴν ἁφὴν ψηλαφήσας τὴν δύναμιν ἐπέγνω. τὸν πίθον κατανοήσας, γεῦμα δὲ ἐξ αὐτοῦ μὴ λαβών, πότε γνώσῃ; ἡ Μοῦσα κρίνεται ἐν θεάτροις, ἐν δὲ κοιτῶσιν Κύπρις· οὕτω καὶ φρόνησις ἐν λόγοις." οὐχ εὑρόντες οὖν οἱ Σάμιοι τὰ λεγόμενα ὅμοια τῇ ὄψει πρὸς ἀλλήλους ἔλεγον "κομψός, νὴ τὰς Μούσας, καὶ δυνάμενος εἰπεῖν." ἐπεφώνουν δὲ αὐτῷ "θάρσει, διάλυε." Αἴσωπος ἐπιγνοὺς ἑαυτὸν ἐπαινούμενον, παρρησίας λαβὼν καιρὸν ἤρξατο λέγειν.

89. "ἄνδρες Σάμιοι, οὐκ ἔστιν εὔλογον δοῦλον ἐλευθέρῳ δήμῳ σημεῖον διαλύσασθαι· ὅθεν περίθετέ μοι τὴν εἰρημένην παρρησίαν, ἵνα ἐὰν μὲν ἐπιτύχω ὡς ἐλεύθερος τὰς πρεπούσας τιμὰς ἀπολάβω, ἐὰν δὲ ἁμάρτω μὴ ὡς δοῦλος, ἀλλ' ὡς ἐλεύθερος κολασθῶ. ἐὰν οὖν ἐμοὶ τὴν παρρησίαν τῆς ἐλευθερίας περιθῆτε, μετὰ πάσης ἀδείας ἄρξομαι λέγειν."

90. οἱ δὲ Σάμιοι τῷ Ξάνθῳ εἶπον "ἀξιοῦμέν σε, Ξάνθε, ἐλευθέρωσον τὸν Αἴσωπον." καὶ ὁ πρύτανις τῷ Ξάνθῳ λέγει "ποίησον ἐλεύθερον τὸν Αἴσωπον." ὁ Ξάνθος· "οὐκ ἐλευθερῶ δοῦλον παντελῶς πολὺν χρόνον δεδουλευκότα." ὁ πρύτανις ἰδὼν τὸν Ξάνθον ταῦτα ἀντιλέγοντα ἔφη "λαβὼν αὐτοῦ τὴν τιμὴν παράδος, κἀγὼ αὐτὸν ἀπελεύθερον τῆς πόλεως ποιήσω." ἐνθυμηθεὶς δὲ ὁ Ξάνθος ὅτι ο'ε' δηναρίων αὐτὸν ἠγόρασεν, ἵνα μὴ φανῇ τοῖς ὄχλοις ὅτι διὰ φιλαργυρίαν ἐλευθέρωσεν τὸν Αἴσωπον, στήσας αὐτὸν εἰς μέσον ἔλεγεν "Ξάνθος ἀξιωθεὶς ὑπὸ τοῦ δήμου τῶν Σαμίων ἀφίησιν ἐλεύθερον τὸν Αἴσωπον."

91. τούτου δὲ γεναμένου ὁ Αἴσωπος εἰσελθὼν εἰς τὸ μέσον εἶπεν "ἄνδρες Σάμιοι, ἑαυτοῖς βοηθήσατε καὶ ὑπὲρ τῆς ἰδίας ἐλευθερίας βουλεύσασθε· τὸ γὰρ σημεῖον πολιορκίας ἐστὶν καὶ δουλαγωγὸν τεκμήριον. πόλεμος ὑμῖν πρότερον ἔσται. εἰδέναι γὰρ ὑμᾶς τοῦτο βούλομαι, ὅτι βασιλεύς ἐστι τῶν πτηνῶν ὁ ἀετός, δύναται δὲ αὐτὸς πλεῖον τῶν ἄλλων. καταπτὰς οὖν ἀπὸ τῶν νόμων τὸν δακτύλιον τὸν στρατηγικὸν ἥρπασεν καὶ ἔβαλεν εἰς δημοσίου δούλου κόλπον· τὴν τῶν ἐλευθέρων πίστιν εἰς ἄπιστον ἕλκει δουλείας ζυγόν. ἡ μὲν οὖν τοῦ σημείου λύσις ἐστὶν αὕτη· πάντως τις τῶν βασιλευόντων θελήσει ὑμῶν τὴν ἐλευθερίαν καταδουλῶσαι καὶ τοὺς νόμους ἀκυρῶσαι καὶ ἐπισφραγίσαι τῇ ἰδίᾳ δυνάμει."

92. Ἔτι ταῦτα λέγοντος τοῦ Αἰσώπου παρεγένετο ἀπὸ βασιλέως Κροίσου γραμματηφόρος ἐν χλανίδι ἀκρολεύκῳ, ζητῶν τοὺς ἄρχοντας τῶν Σαμίων. ἀκούσας δὲ ἐκκλησίας ἄγεσθαι παρεγένετο ἐν τῷ θεάτρῳ καὶ τοῖς ἄρχουσι τὴν ἐπιστολὴν ἔδωκεν. οἱ δὲ λύσαντες τὴν ἐπιστολὴν ἀνεγίνωσκον. ἦν δὲ τὰ ἐγγεγραμμένα τάδε· "Κροῖσος Λυδῶν βασιλεὺς Σαμίων ἄρχουσι, βουλῇ καὶ δήμῳ χαίρειν. κελεύω ὑμᾶς ἀπὸ τοῦ νῦν χρόνου δημοσίων τε πράξεις καὶ δημόσιον τέλος χορηγεῖν. ἐὰν δὲ μὴ θελήσητε, ὅσον ἡ ἐμὴ βασιλεία ἰσχύει τοσοῦτον ὑμᾶς βλάπτω."

93. οἱ ἄρχοντες συνεβουλεύοντο μετὰ τῶν ὄχλων ὑποσχέσθαι χορηγεῖν, ἵνα μὴ ἐπισπάσωνται τῇ πόλει τοιοῦτον ἐχθρὸν βασιλέα. τὸν δὲ Αἴσωπον ἐτίμησαν ὡς ἀληθινὸν μάντιν τῆς τοῦ σημείου ἐκβάσεως, καὶ παρεκάλουν αὐτὸν καὶ συμβουλίαν δοῦναι πότερον πέμψουσιν ἢ ἀρνήσονται. ὁ δὲ Αἴσωπος λέγει αὐτοῖς "ἄνδρες Σάμιοι, τῶν πρωτοπολιτῶν ὑμῶν δεδωκότων γνώμην χορηγεῖν τῷ βασιλεῖ τέλος, ἐμοῦ πυνθάνεσθε πότερον δοῦναι δεῖ ἢ μή; ἐὰν εἴπω 'μὴ δότε,' ἐχθρὸν ἐμαυτὸν ἐπιδείξω βασιλεῖ Κροίσῳ." οἱ δὲ ὄχλοι ἀνεκραύγασαν "γνώμην δός." ὁ δὲ Αἴσωπος ἔφη "γνώμην μὲν οὐ δώσω, λόγῳ δέ τινι λέξω ὑμῖν.

94. τοῦ Διὸς κελεύσαντός ποτε, τοῖς ἀνθρώποις ὑπέδειξεν ὁ Προμηθεὺς ὁδοὺς δύο, μίαν ἐλευθερίας καὶ μίαν δουλείας. καὶ τὴν μὲν τῆς ἐλευθερίας ὁδὸν ἐν ἀρχαῖς τραχεῖαν καὶ δυσέκβατον καὶ ἀπόκρημνον καὶ ἄνυδρον, τριβόλων τε γέμουσαν, ὅλην ἐπικίνδυνον, τὸ δὲ τέλος ἐποίησεν πεδίον ὁμαλόν, περιπάτους ἔχουσαν, καρπῶν γέμουσαν ἐν ἄλσεσιν, ἔνυδρον, ἵνα τὸ τῆς κακοπαθείας ἔλθῃ εἰς ἀνάπαυσιν τέλος ἔχουσαν. τὴν δὲ τῆς δουλείας ὁδὸν κατ' ἀρχὰς πεδίον ὁμαλόν, εὐανθῆ καὶ ἡδεῖαν πρόσοψιν ἔχουσαν καὶ πολλὴν τρυφήν, τὸ δὲ τέλος

Life of Aesop 35

ἐποίησεν αὐτῆς δυσέκβατον, ὅλον σκληρὸν καὶ κρημνῶδες."

95. ἐπιγνόντες δὲ οἱ Σάμιοι τὸ συμφέρον ἐκ τῶν τοῦ Αἰσώπου λόγων ὁμοθυμαδὸν ἀνεφώνησαν τῷ γραμματηφόρῳ λέγοντες τὴν τραχεῖαν ὁδόν. ὁ δὲ ἀπελθὼν διεσάφησεν τῷ βασιλεῖ πάντα τὰ εἰρημένα ὑπὸ τοῦ Αἰσώπου. ὁ δὲ Κροῖσος ἀκούσας ἐκάλει στρατόπεδα καὶ ἐκέλευσεν ὁπλίζεσθαι. καὶ οἱ φίλοι παρεθάρρυναν λέγοντες "δέσποτα, ἄγωμεν εἰς τὴν νῆσον· χειρωσώμεθα αὐτὴν καὶ ἑλκύσωμεν εἰς τὸ Ἀτλαντικὸν πέλαγος, καὶ θῶμεν εἰς ὑπόδειγμα τοῖς λοιποῖς δήμοις, μὴ ἑτέρῳ φανείη τηλικούτῳ ἀντιλέγειν βασιλεῖ." συγγενὴς δέ τις, τοῦ βασιλέως ἐπιστρέψαντος, λέγει "ὄμνυμί σοι τὸ ἁγνὸν διάδημα, ὡς μάτην σὺ αὐτοῖς καθοπλίσει, ἐπειδὴ οὐ δυνήσῃ Σαμίους παραλαβεῖν ζῶντος τοῦ λεγομένου Αἰσώπου τοῦ γνώμας διδόντος αὐτοῖς. διὰ δὲ ἐπιστολῆς ἐξαίτησον τὸν Αἴσωπον ἔκδοτον, εἰπὼν ὅτι 'ἐάν τι θέλετε ἀντ' αὐτοῦ, αἰτήσασθε, κἀγὼ ὑμῖν παράσχω.'"

96. ὁ δὲ Κροῖσος ἀκούσας, αὐτὸν τὸν δόντα τὴν γνώμην ἐκέλευσεν πορευθῆναι εἰς τὴν Σάμον, ἐπειδὴ ἕτερον πρεσβευτὴν οὔτινα εἶχεν μᾶλλον εὐνοϊκώτερον καὶ συνετώτερον. ὁ δὲ μηδὲν ὑπερθέμενος ἔπλευσεν εἰς τὴν Σάμον καὶ ἐκκλησίαν συναγαγὼν ἔπεισεν τοὺς Σαμίους μᾶλλον δοῦναι τὸν Αἴσωπον ἢ τῆς τοῦ βασιλέως φιλίας ἐκπέσαι. καὶ τοσοῦτον οἱ ὄχλοι ἀνεφώνησαν· "ἀπάγαγε, λαμβανέτω ὁ βασιλεὺς τὸν Αἴσωπον." ὁ δὲ ἐλθὼν εἰς τὸ μέσον λέγει "ἄνδρες Σάμιοι, κἀμοὶ εὐκταῖόν ἐστιν παρὰ τοῖς τοῦ βασιλέως ποσὶν ἀποθανεῖν. θέλω δὲ εἰπεῖν ὑμῖν ἕνα λόγον, ἵνα μετὰ τὸν ἐμὸν θάνατον ἐπὶ τοῦ μνήματός μου χαράξητε·

97. καθ' ὃν καιρὸν ὁμόφωνα ἦσαν τὰ ζῷα τοῖς ἀνθρώποις, λέγω δὴ τοὺς λύκους καὶ τὰ πρόβατα πόλεμον ἐσχηκέναι πρὸς ἀλλήλους. οἱ δὲ λύκοι ὑπερέχοντες κακῶς

ἔσκυλλον τὰ πρόβατα, συμμαχήσαντες δὲ οἱ κύνες τοῖς
πρόβασιν ἀπεδίωξαν τοὺς λύκους. οἱ δὲ λύκοι διωχθέντες
ὑπὸ τῶν κυνῶν ἕνα πρεσβευτὴν ἔπεμψαν πρὸς τὰ
πρόβατα. ἐλθὼν οὖν ὁ λύκος καὶ στὰς εἰς τὸ μέσον ὡς
δημηγόρος ἔλεγεν πρὸς τὰ πρόβατα 'ἐὰν θέλετε μήτε
πολεμεῖν μήτε πολεμεῖσθαι, δότε ἡμῖν τοὺς κύνας
ἐκδότους, καὶ μετὰ πάσης ἀδείας κοιμᾶσθε, μηδεμίαν
πολέμου ἔχοντες ὑποψίαν.' τὰ δὲ πρόβατα μωρὰ
ὑπάρχοντα καὶ πεισθέντα παρέσχον τοὺς κύνας ἐκδότους.
οἱ δὲ λύκοι διεσπάραξαν αὐτούς. μετὰ δὲ χρόνον
ὑπεβάλοντο οἱ λύκοι τὰ πρόβατα. ἔδειξεν οὖν ὑμῖν ὁ
μῦθος μὴ εἰκῇ τοὺς χρηστοὺς παραδιδόναι."

98. Οἱ δὲ Σάμιοι νοήσαντες πρὸς ἑαυτοὺς εἰρῆσθαι τοὺς
λόγους κατέσχον τὸν Αἴσωπον. ὁ δὲ Αἴσωπος οὐχ
ὑπέμενεν, ἀλλ' ἅμα τῷ πρεσβευτῇ ἀπῄει πρὸς τὸν
Κροῖσον. ὁ δὲ βασιλεὺς ἰδὼν τὸν Αἴσωπον ἠγανάκτησεν
καὶ εἶπεν "ἴδε τίς ἐκώλυσέν με πόλιν ὑποτάξαι, καὶ τέλη
λαμβάνειν οὐκ εἴασεν. καὶ εἰ μὲν ἄνθρωπος οὐ χαλεπόν,
ἀλλ' αἴνιγμα καὶ τέρας τῶν ἀνθρώπων." καὶ ὁ Αἴσωπος·
"κύριε βασιλεῦ, οὐ βίᾳ ἦγμαι πρὸς σέ, αὐτοθελὴς δὲ
πάρειμι πρὸς τοὺς σοὺς πόδας. ὅμοια δὲ πάσχετε τοῖς
παραχρῆμα τραυματιζομένοις, πρὸς τὸ ὀξὺ τοῦ γινομένου
αἰφνιδίως κράζοντες. τὰ μὲν τραύματα ἰατρῶν ἐπιστήμη
πάντα ἐξυγιάζεται, τὴν δὲ σὴν ὀργὴν ὁ ἐμὸς λόγος
θεραπεύσει. ἐγώ, ἐὰν παρὰ τοῖς ποσίν σου ἀποθάνω,
καταισχυνῶ σου τὴν βασιλείαν· ἀεὶ γὰρ ἕξεις τοὺς φίλους
σου ἐναντίας σοι διδόντας γνώμας. στοχαζόμενοι γὰρ ὅτι
οἱ τὰ καλὰ συμβουλεύοντες παρὰ σοὶ τελευτῶσιν, πάντως
σου τῇ βασιλείᾳ ἐναντία ἐροῦσιν."

99. ὁ δὲ βασιλεὺς θαυμάσας αὐτὸν καὶ μειδιάσας ἔφη
"δύνασαί τι προσθεῖναι, καὶ πρὸς τὴν εἰς τοὺς ἀνθρώπους
τύχην λόγους εἰπεῖν;" ὁ δὲ Αἴσωπος λέγει "καθ' ὃν καιρὸν
ἦν ὁμόφωνα τὰ ζῷα τοῖς ἀνθρώποις, λέγω δὴ πένητα
ἀπορούμενον τροφῆς ἐπιλαβέσθαι ἀκρίδας τὰς λεγομένας

τερετιστρίας καὶ ταύτας ταριχεύειν καὶ πωλεῖν φανερῆς τιμῆς. πιάσας δέ τινα ἀκρίδα ἠθέλησεν αὐτὴν ἀποκτεῖναι. ἡ δὲ ἰδοῦσα τὸ μέλλον πρὸς τὸν ἄνθρωπον εἶπεν 'μή με μάτην ἀποκτείνῃς. οὔτε γὰρ στάχυν ἠδίκησα οὔτε κλάδους ἢ βλαστόν, οὔτε ἀκρεμόνα ἔβλαψα· συγχρόνῳ δὲ πτερῶν καὶ ποδῶν ἁρμονίᾳ χρηστὰ φθέγγομαι. ὁδοιπόρων εἰμὶ ἀνάπαυμα.' ὁ ἄνθρωπος συμπαθήσας τοῖς λόγοις αὐτῆς ἀφῆκεν αὐτὴν μητρὶ τῇ ἐρημίᾳ. ὡσαύτως κἀγὼ προσπίπτω τοῖς γόνασίν σου. ἐλέησόν με· οὔτε γὰρ ἰσχυρός εἰμι ὥστε τινὰ στρατιὰν βλάψαι, οὔτε εὐπρεπὴς ὥστε ψευδομαρτυρῆσαι κατά τινος καὶ διὰ τὸ κάλλος τῆς ὄψεως ἀδίκως πεῖσαί τινα. ἐν εὐτελεῖ σωματίῳ δὲ φρενήρως φθέγγομαι βίον τῶν μερόπων ὠφελῶν."

100. ὁ βασιλεὺς συμπαθήσας αὐτῷ τοῖς λόγοις ἔφησεν "ἐγώ σοι τὸ ζῆν δώσω· αἴτησαι δὲ ὃ θέλεις καὶ παρέξω σοι." Αἴσωπος εἶπεν "καταλλάγηθι Σαμίοις." ὁ βασιλεύς· "κατήλλαγμαι." ὁ δὲ προσπεσὼν αὐτῷ ηὐχαρίστει. Αἴσωπος οὖν αὐτῷ συγγραψάμενος τοὺς ἰδίους λόγους καὶ μύθους, τοὺς ἄχρι καὶ νῦν ὀνομαζομένους, κατέλιπεν εἰς τὴν βιβλιοθήκην καὶ λαβὼν παρὰ τοῦ βασιλέως ἐπιστολὰς πρὸς τοὺς Σαμίους, ἔνθα ὡμολόγει κατηλλάχθαι αὐτοῖς ἕνεκεν τοῦ Αἰσώπου, πολλὰ δὲ δῶρα κομισάμενος, ἔπλευσεν εἰς Σάμον. καὶ ἐκκλησίαν συστησάμενος ἀνέγνω τὰς ἐπιστολὰς τοῦ βασιλέως. οἱ δὲ Σάμιοι γνῶντες αὐτοῖς τὸν Κροῖσον διηλλάχθαι διὰ τοῦ Αἰσώπου τιμὰς αὐτῷ ἐψηφίσαντο, καὶ ἐκάλεσαν τὸν τόπον ἐκεῖνον Αἰσώπειον, ὅπου ἦν ἐνηλλαγμένος. ὁ δὲ Αἴσωπος θύσας ταῖς Μούσαις ἱερὸν κατεσκεύασεν αὐταῖς, στήσας μέσον αὐτῶν αὐτὸν μνημόσυνον, οὐκ Ἀπόλλωνα. ὁ Ἀπόλλων ὠργίσθη αὐτῷ ὡς τῷ Μαρσύᾳ.

Chs. 124-142

124. Ὁ δὲ Αἴσωπος ἀπετάξατο τῷ βασιλεῖ ἀπελθεῖν θέλων εἰς Δελφούς, ὀμόσας αὐτῷ πάλιν ὑποστρέφειν πρὸς

αὐτὸν ἐν Βαβυλῶνι κἀκεῖ βιῶσαι τὸν λοιπὸν χρόνον. περιερχόμενος δὲ τὰς λοιπὰς πόλεις ἐπεδείκνυτο τὴν ἑαυτοῦ σοφίαν καὶ παιδείαν. παρεγένετο δὲ καὶ εἰς Δελφοὺς καὶ ἤρξατο κἀκεῖ ἐπιδείκνυσθαι. οἱ δὲ ὄχλοι ἡδέως μὲν αὐτοῦ ἠκροῶντο τὸ κατ' ἀρχάς, οὐδὲν δὲ αὐτῷ παρεῖχον. ἰδὼν δὲ ὁ Αἴσωπος λαχάνοις τοὺς ἀνθρώπους ὁμόχροας, ἔφη πρὸς αὐτούς
οἵη περ φυλλῶν γενεή, τοίη δὲ καὶ ἀνδρῶν.

125. ἔτι δὲ καὶ αὐτοῖς προσκρούσας ἔφη "ὦ Δελφοί, ὅμοιοί ἐστε ξύλῳ ἐν θαλάσσῃ φερομένῳ· ἐκεῖνο γὰρ θεωροῦντες ἐκ πολλοῦ διαστήματος ὑπὸ κυμάτων φερόμενον δοκοῦμέν τι ἄξιον εἶναι, ἔπειτα ἐγγίσαντες αὐτῷ καὶ προσελθόντες ηὕραμεν ἐλάχιστον καὶ μηδενὸς λόγου ἄξιον. ὁμοίως δὲ κἀγὼ πόρρωθεν ὑπάρχων τῆς πόλεως ὑμῶν κατεπλησσόμην ὑμᾶς ὡς πλουσίους καὶ μεγάλους ταῖς ψυχαῖς ὄντας, ἰδὼν δὲ ὑμᾶς τῶν ἄλλων ἀνθρώπων ἥττονας καὶ γένει καὶ πόλει πεπλάνημαι, ἔχων περὶ ὑμῶν οὐ φαύλην διάνοιαν· οὐδὲν γὰρ ἀνάξιον τῶν γονέων ποιεῖτε."

126. ταῦτα ἀκούσαντες οἱ Δέλφιοι πρὸς αὐτὸν εἶπον "τίνες ἡμῶν οἱ γονεῖς;" ὁ δὲ Αἴσωπος· "δοῦλοι, εἰ δὲ ἀγνοεῖτε, μάθετε. νόμος ἦν ἀρχαῖος παρὰ τοῖς Ἕλλησιν ἵνα, ἐὰν πόλιν καταλάβωνται, τῶν λαφύρων δέκατον μέρος τῷ Ἀπόλλωνι πέμπωσιν, οἷον ἀπὸ βοῶν ἑκατὸν δέκα, ἀπὸ αἰγῶν τὸ αὐτὸ καὶ ἀπὸ τῶν ἄλλων τὸ αὐτό, ἀπὸ χρημάτων, ἀπὸ ἀνδρῶν, ἀπὸ γυναικῶν. ἐκ τούτων ὑμεῖς γεννηθέντες ἀνελεύθεροί ἐστε ὁμοίως τοῖς δεδεμένοις· ἐκεῖθεν γὰρ ὄντες πάντων Ἑλλήνων δοῦλοι καθεστήκατε." ταῦτα εἰπὼν περὶ ἀποδημίαν ἐστέλλετο.

127. οἱ δὲ ἄρχοντες ἰδόντες αὐτοῦ τὸ κακόλογον ἐλογίζοντο· "ἐὰν αὐτὸν ἀφῶμεν ἀποδημῆσαι, περιελθὼν εἰς τὰς ἑτέρας πόλεις πλεῖον ἀτιμοτέρους ἡμᾶς ποιήσει." ἐβουλεύσαντο οὖν ἀνελεῖν δόλῳ. καὶ τοῦ Ἀπόλλωνος μηνίοντος διὰ τὴν ἐν Σάμῳ ἀτιμίαν, ἐπεὶ σὺν ταῖς Μούσαις ἑαυτὸν οὐ καθίδρυσεν, μὴ ἔχοντες εὔλογον αἰτίαν ἐμηχανήσαντό τι πανοῦργον, ἵνα μὴ οἱ παρεπιδημοῦντες δυνήσωνται αὐτῷ βοηθῆσαι. παρατηρησάμενοι ἐπὶ τὴν πύλην τῆς πόλεως τὸν δοῦλον αὐτοῦ ἀφυπνωκότα καὶ τὰ σκεύη φέροντα, ἄραντες ἐκ τοῦ ἱεροῦ ἐνέκρυψαν φιάλην χρυσῆν. ὁ δὲ Αἴσωπος ἀγνοῶν τὰ συνεσκευασμένα εἰς τὴν Φωκίδα ὥδευεν.

128. ἐπιδραμόντες δέ τινες τῶν Δελφῶν, δήσαντες αὐτὸν εἰς τὴν πόλιν εἷλκον. βοῶντος δὲ αὐτοῦ "τίνος οὖν ἕνεκεν δέσμιόν με ἄγετε;" οἱ δέ· "χρήματα ἔκλεψας ἐκ τοῦ ἱεροῦ." ὁ δὲ Αἴσωπος μηδὲν ἑαυτῷ συνειδὼς κλαίων ἔφησεν "ἀπολέσθαι θέλω, ἐάν τι τοιοῦτον εὑρεθῇ εἰς ἐμέ." οἱ Δελφοὶ ἐκτινάξαντες τὰ σκεύη ηὗρον τὴν φιάλην, ἐπιδεικνύμενοι τῇ πόλει καὶ μετὰ βίας καὶ θορύβου παραδειγματίζοντες αὐτόν. ὁ Αἴσωπος λογιζόμενος ἐξ ἐπιβουλῆς συγκεκρυφέναι, ἠρώτα τοὺς Δελφούς ἀπολυθῆναι. οἱ δὲ οὐκ ἐπείθοντο. Αἴσωπος λέγει "θνητοὶ γεγονότες ὑπὲρ θεοὺς μὴ φρονεῖτε." οἱ δὲ ἐνέκλεισαν αὐτὸν εἰς φυλακὴν τιμωροῦντες. Αἴσωπος μὴ εὑρίσκων μηχανὴν τῆς σωτηρίας ἔφη "νῦν ἐγὼ θνητὸς ἄνθρωπος ὢν πῶς δυνήσομαι τὸ μέλλον ἐκφυγεῖν;"

129. Παραγεναμένου δὲ φίλου αὐτοῦ τινος καὶ παρακαλέσαντος τοὺς φύλακας εἰσῆλθεν πρὸς αὐτὸν καὶ κλαίων ἔλεγεν "τί γέγονεν τὰ ἡμῶν;" ὁ δὲ λόγον αὐτῷ εἶπεν· "γυνή τις ἄνδρα κατορύξασα καθημένη πρὸς τὸ μνῆμα αὐτοῦ λύπῃ συνεχομένη ἔκλαιεν. ἀροτριῶν δέ τις ἐπεθύμησεν ἰδὼν αὐτὴν συγγενέσθαι αὐτῇ, καὶ ἀφῆκεν τοὺς βόας ἑστῶτας ἐν τῇ ἀρούρῃ, ἐλθὼν δὲ πρὸς αὐτὴν ἔκλαιεν προσποιούμενος. παυσαμένης δὲ ἐκείνης, ἐπύθετο 'τί κλαίεις;' ἔλεγεν ὁ ἀροτρεύς· 'σοφήν τε καὶ ἀγαθὴν γυναῖκα κατώρυξα, ὅταν δὲ κλαύσω κουφίζομαι τὴν λύπην.' ἡ δέ· 'ἐστέρημαι κἀγὼ ἀνδρὸς ἀγαθοῦ, ὡσαύτως δὲ πράττουσα ἀποσείω τῆς λύπης τὸ βάρος.' ὁ δὲ πρὸς αὐτὴν εἶπεν 'εἰ τοίνυν περιεπέσαμεν ταῖς αὐταῖς συμφοραῖς καὶ τύχαις, τί ὅτι οὐκ ἐπιγινώσκομεν ἀλλήλους; ἐγὼ δὲ ἀγαπήσω σὲ ὡς ἐκείνην, σὺ δὲ ἐμὲ ἀγάπησον ὡς ἄνδρα.' ταῦτα λέγων ἔπειθεν τὴν γυναῖκα. ἐν ὅσῳ δὲ συνεγίνετο αὐτῇ ἔλυσέν τις αὐτοῦ τοὺς βόας καὶ ἀπήλασεν. ὁ δὲ ἀροτὴρ ἐπιστὰς καὶ μὴ εὑρὼν αὐτοῦ τοὺς βόας ἐκ ψυχῆς ὀδυρόμενος ἀνέκραγεν. ἡ δὲ γυνή· 'τί κλαίεις;' ὁ δὲ ἀροτήρ· 'ὦ γύναι, ἄρτι ἔχω κόψασθαι.' ὥστε καὶ σὺ ἐρωτᾷς με διὰ τί κατολοφύρομαι, βλέπων αὐτὸς τὴν κατέχουσάν με τύχην;"

130. ὁ δὲ φίλος λυπούμενος πρὸς αὐτὸν ἔφη "τί γάρ σοι ἔδοξεν ὑβρίζειν αὐτοὺς ἐν τῇ ἰδίᾳ αὐτῶν πατρίδι καὶ πόλει, καὶ ταῦτα ὑπὸ τὴν αὐτῶν ὄντος σοῦ ἐξουσίαν; ποῦ σου ἡ παιδεία; ποῦ σου τὸ φιλόλογον; σὺ πόλεσιν καὶ δήμοις γνώμας ἔδωκας καὶ εἰς σεαυτὸν ἄφρων γέγονας;" ὁ δὲ προτέτακεν αὐτῷ λόγον ἕτερον·

131. "γυνή τις εἶχεν θυγατέρα μωρήν. αὕτη πᾶσι τοῖς θεοῖς ηὔχετο τὴν θυγατέρα νοῦν λαβεῖν, εὐχομένης δὲ αὐτῆς ἡ παρθένος πολλάκις ἤκουσεν. καὶ δή ποτε εἰς ἀγρὸν ἦλθον. ἡ δὲ καταλιποῦσα τὴν μητέρα ἔξω τῆς ἐπαύλεως εἶδεν ὄνον βιαζομένην ὑπὸ ἀνθρώπου, καὶ ἠρώτησεν τὸν ἄνθρωπον 'τί ποιεῖς;' ὁ δέ· 'νοῦν ἐντίθημι αὐτῇ.' ἀναμνησθεῖσα ἡ μωρὰ τῆς εὐχῆς ἔφη 'ἔνθες καὶ ἐμοὶ νοῦν.' ὁ δὲ αὐτὴν οἴφειν ἠρνεῖτο, λέγων 'οὐδέν ἐστιν ἀχαριστότερον γυναικός.' ἡ δέ· 'μὴ λόγον ἔχῃς, κύριε, καὶ ἡ μήτηρ μου εὐχαριστήσει σοι, μισθὸν δοῦσα ὅσον ἂν θέλῃς· εὔχεται γὰρ ἵνα νοῦν ἔχω.' ὁ δὲ διεπαρθενεύσατο αὐτήν. ἡ δὲ περιχαρὴς πρὸς τὴν μητέρα δραμοῦσα εἶπεν 'νοῦν ἔχω, μῆτερ.' ἡ δέ· 'πῶς ἔσχες νοῦν, τέκνον;' ἡ δὲ μωρὰ ἐξηγήσατο· 'ἀνήρ τις μακρὸν πυρρὸν νευρῶδες ἔξω ἔσω τρέχον ἔσω μοι ἐνέβαλεν.' ἀκούσασα δὲ ἡ μήτηρ ἐξηγουμένης τῆς θυγατρὸς αὐτῆς ἔφη 'ὦ τέκνον, ἀπώλεσας καὶ ὃν πρῶτον εἶχες νοῦν.' ὁμοίως καὶ ἐμοὶ συνέβη, φίλε· ἀπώλεσα γὰρ καὶ ὃν πρῶτον εἶχον νοῦν εἰς

Δελφοὺς εἰσελθών." καὶ πολλὰ δακρύσας ὁ φίλος αὐτοῦ ἀφίστατο.

132. Οἱ δὲ Δέλφιοι εἰσελθόντες πρὸς τὸν Αἴσωπον ἔφησαν "ἀπὸ κρημνοῦ σε δεῖ βληθῆναι σήμερον· οὕτως γάρ σε ἐψηφίσαμεν ἀνελεῖν, ἄξιον ὄντα ὡς ἱερόσυλον καὶ βλάσφημον, ἵνα μηδὲ ταφῆς ἀξιωθῇς. ἑτοίμασαι σεαυτόν." Αἴσωπος ἰδὼν αὐτοὺς ἀπειλουμένους ἔφη "λόγον ἀκούσατε." οἱ δὲ ἐπέτρεψαν αὐτὸν λέγειν. ὁ δὲ Αἴσωπός φησιν·

133. "ὅτε ἦν τὰ ζῷα ὁμόφωνα, μῦς φιλιάσας βατράχῳ ἐκάλεσεν αὐτὸν ἐπὶ δεῖπνον καὶ εἰσήγαγεν αὐτὸν εἰς ταμεῖον πλούσιον πάνυ, ἐφ᾽ ᾧ ἦν ἄρτος, κρέας, τυρός, ἐλαῖαι, ἰσχάδες· καί φησιν 'ἔσθιε.' καλῶς ληφθεὶς ὁ βάτραχός φησιν 'ἐλθὲ καὶ σὺ παρ᾽ ἐμοὶ δειπνήσων, ἵνα σε καλῶς λάβω.' ἀπήγαγεν δὲ αὐτὸν εἰς λίμνην καί φησιν 'κολύμβησον.' ὁ δὲ μῦς· 'κολυμβῆσαι οὐκ ἐπίσταμαι.' ὁ βάτραχος· 'ἐγώ σε διδάξω.' δήσας τε λίνῳ τὸν πόδα τοῦ μυὸς πρὸς τὸν ἴδιον πόδα ἥλατο εἰς τὴν λίμνην καὶ τὸν μῦν ἔσυρεν. ὁ δὲ μῦς πνιγόμενος εἶπεν 'νεκρὸς ὢν ζῶντά σε ἐκδικήσω.' ταῦτα εἰπόντος αὐτοῦ καταδὺς ὁ βάτραχος ἔπνιξεν αὐτόν. κειμένου δὲ αὐτοῦ ἐπὶ τοῦ ὕδατος καὶ ἐπιπλέοντος, κόραξ ἥρπασεν τὸν μῦν σὺν τῷ βατράχῳ συνδεδεμένον, καταφαγὼν δὲ τὸν μῦν ἐδράξατο καὶ τοῦ βατράχου. οὕτως ὁ μῦς τὸν βάτραχον ἐξεδίκησεν. ὁμοίως κἀγώ, ἄνδρες, ἀποθανὼν ὑμῖν μόρος ἔσομαι· καὶ γὰρ Λύδιοι, Βαβυλώνιοι, καὶ σχεδὸν ἡ Ἑλλὰς ὅλη τὸν ἐμὸν καρπίσονται θάνατον."

134. ταῦτα δὲ αὐτοῦ εἰπόντος, μηδὲ οὕτως πειθομένων τῶν Δελφῶν ἀλλ᾽ ἐπὶ τὸν κρημνὸν ἀπαγαγόντων αὐτόν, κατέφυγεν ὁ Αἴσωπος ἐν τῷ ἱερῷ τῶν Μουσῶν. οἱ δὲ οὐδὲ οὕτως ἠλέησαν αὐτόν, ἀλλ᾽ ἄκων καὶ συρόμενος εἶπεν "ἄνδρες Δέλφιοι, μὴ καταφρονεῖτε τοῦ ἱεροῦ τούτου. ἐν καιρῷ γὰρ τὴν ἀπεγνωσμένην δύναμιν ἐμφανεῖ καὶ ὁ λόγος οὗτος.

135. οὕτως ὁ λαγὸς ὑπὸ ἀετοῦ διωκόμενος κατέφυγεν πρὸς τὸν κάνθαρον δεόμενος αὐτοῦ ὅπως αὐτὸν διασώσῃ. ὁ δὲ κάνθαρος ἱκέτευεν τὸν ἀετὸν μὴ παραβλέπειν αὐτοῦ τὴν αἴτησιν, κατορκώσας αὐτὸν κατὰ τοῦ Διὸς εἰς τὸ μὴ καταφρονῆσαι τὴν σμικρότητα αὐτοῦ. ὁ δὲ ἀετὸς τῇ πτέρυγι τὸν κάνθαρον ῥαπίσας ἥρπασεν τὸν λαγὸν καὶ διασπαράξας κατέφαγεν.

136. ὁ κάνθαρος ὀργισθεὶς συνεπετάσθη τῷ ἀετῷ καὶ κατασκοπήσας αὐτοῦ τὴν νοσσιάν, ἐν ᾗ ἦν συστρέψας ὁ ἀετὸς ᾠά, καὶ ἀπελθόντος συνέτριψεν αὐτά. ὁ ἀετὸς παραγενάμενος ἐδεινοπάθει, ζητῶν τὸν τοῦτο ποιήσαντα ἐπὶ τὸ διασπαράξαι. τοῦ δὲ καιροῦ φθάσαντος εἰς ὑψηλότερον τόπον ᾠὰ ἐγέννησεν ὁ ἀετός. ὁ κάνθαρος ἐπιστὰς πάλιν καὶ τὰ αὐτὰ πράξας ἀνεχώρησεν. ὁ ἀετὸς ἐθρήνει τὰ τέκνα, λέγων ἐκ τοῦ Διὸς εἶναι χόλον ἵνα μᾶλλον τῶν ἀετῶν τὸ γένος σπανισθῇ.

137. τοῦ δὲ καιροῦ ἐπιστάντος, δυσφορῶν ὁ ἀετὸς οὐκ ἐπὶ τὴν νοσσιὰν ἐφύλαξεν τὰ ᾠά, ἀλλ' ἀναβὰς εἰς Ὄλυμπον ἔθηκεν τὰ ᾠὰ ἐπὶ τὰ γόνατα τοῦ Διός, καὶ εἶπεν ὅτι 'δὶς μὲν τὰ ᾠὰ ἀφανῆ μοι γεγόνασιν, τὸ δὲ τρίτον σοὶ αὐτὰ παρατίθεμαι, ἵνα μοι αὐτὰ διασώσῃς.' ὁ κάνθαρος ἐπιγνοὺς τοῦτο, πλήσας ἑαυτὸν πολλῆς κόπρου ἀνέβη πρὸς τὸν Δία καὶ περιεπέτατο αὐτοῦ τῇ ὄψει. ὁ Ζεὺς θεασάμενος ζῷον ἀκάθαρτον φοβηθεὶς ἀνεπήδησεν, καὶ ἐπιλαθόμενος ὅτι εἶχεν ἐν τῷ κόλπῳ ᾠά, κατέαξεν αὐτά.

138. τούτου δὲ γενομένου ὁ Ζεὺς ᾔσθετο τὸν κάνθαρον ἠδικῆσθαι, παραγενομένου δὲ πρὸς αὐτὸν τοῦ ἀετοῦ λέγει 'δικαίως ἀπώλεσας τὰ τέκνα τὸν κάνθαρον ἀδικήσας.' ὁ κάνθαρος λέγει 'οὐ μόνον ἐμὲ ἠδίκησεν, ἀλλὰ καὶ εἰς σὲ μεγάλως ἠσέβησεν· κατὰ γὰρ σοῦ ἐξορκισθεὶς οὐκ ἐφοβήθη, ἀλλὰ τὸν ἱκέτην μου ἀπέκτεινεν. οὐ παύσομαι δέ, ἐὰν μὴ ἐπὶ πλεῖστον αὐτὸν κολάσωμαι.'

139. ὁ Ζεὺς μὴ θέλων τὸ τῶν ἀετῶν γένος σπανισθῆναι ἔπειθε τὸν κάνθαρον καταλλαγῆναι, μὴ πειθομένου δὲ αὐτοῦ μετέβαλε τὸν καιρὸν τῶν ἀετῶν, ὅτε μὴ φαίνεται ὁ κάνθαρος ἐπὶ τῆς γῆς. ὁμοίως καὶ ὑμεῖς, ἄνδρες Δέλφιοι, μὴ ἀτιμάσητε τὸ ἱερὸν τοῦτο εἰς ὃ ἐγὼ κατέφυγον, κἂν εἰ μικρός ἐστιν ὁ ναός, ἀλλ' ἐνθυμήθητε τὸ τοῦ κανθάρου καὶ αἰδέσθητε Δία Ξένιον καὶ Ὀλύμπιον."

140. Οἱ Δέλφιοι μὴ ἀνασχόμενοι ἀπήγαγον αὐτὸν καὶ ἔστησαν ἐπὶ τὸν κρημνόν. Αἴσωπος βλέπων τὸν ἑαυτοῦ μόρον ἔφη "ἐπειδὴ παντοίως ὑμῖν ὁμιλῶ καὶ οὐ πείθεσθέ μοι, ἀκούσατέ μοι τόνδε τὸν λόγον. γεωργὸς γηράσας ἐν ἀγρῷ καὶ μηδέποτε τὴν πόλιν θεασάμενος παρεκάλει τὰ ἑαυτοῦ τέκνα, ἕως οὗ ζῇ, ἀπελθεῖν αὐτὸν καὶ θεάσασθαι τὴν πόλιν. οἱ δὲ ἴδιοι ἔζευξαν αὐτῷ ἅμαξαν ὀναρίων, εἰπόντες αὐτῷ 'ἔλαυνε μόνον καὶ αὐτά σε καταστήσει εἰς τὴν πόλιν.' χειμῶνος δὲ καὶ σκότους γενομένου ἐν μέσῳ τῆς ὁδοῦ τὰ ὀνάρια ἐπλανήθησαν καὶ ἀπῆλθον ἐπί τινα τόπον κρημνώδη. ὁ δὲ θεωρήσας τὸν κίνδυνον ἔφη 'ὦ Ζεῦ, τί σε ἠδίκησα ὅτι οὕτως ἀπόλλυμαι, καὶ ταῦτα οὐχ ὑφ' ἵππων, ἀλλ' ὑπὸ καταπτύστων ὀναρίων;' ὡσαύτως οὖν κἀγὼ δυσφόρως ἔχω, ὅτι οὐχ ὑπὸ ἀξιολόγων ἀνδρῶν ἀλλ' ὑπὸ καταπτύστων δουλαρίων ἀπόλλυμαι."

142. Αἴσωπος καταρασάμενος αὐτούς, καὶ τὸν προστάτην τῶν Μουσῶν μάρτυρα προσκαλούμενος, ὅπως ἐπακούσῃ αὐτοῦ ἀδίκως ἀπολλυμένου, ἔρριψεν ἑαυτὸν ἀπὸ τοῦ κρημνοῦ κάτω. καὶ οὕτω τὸν βίον μετήλλαξεν. λοιμῷ δὲ κατασχεθέντες οἱ Δέλφιοι χρησμὸν ἔλαβον παρὰ τοῦ Διὸς ἐξιλάσκεσθαι τὸν τοῦ Αἰσώπου μόρον. μετὰ ταῦτα, ἀκούσαντες οἱ ἀπὸ τῆς Ἑλλάδος καὶ οἱ ἀπὸ Βαβυλῶνος καὶ οἱ Σάμιοι, ἐξεδίκησαν τὸν τοῦ Αἰσώπου θάνατον.

Αἰσώπου γέννα, ἀνατροφή, προκοπή, καὶ ἀποβίωσις. Τὰ μετ' εὐκολίας εὑρισκόμενα καὶ εὐκαταφρόνητα πολλοῖς εἶναι δοκεῖ.

Life of Aesop   45

Commentary

Title
ἀναστροφῆς < ἀναστροφή, "overturning, reversal; mode of life, conduct of life."

Chapter 1
πάντα: "in all ways," acc. of respect.
βιωφελέστατος < βιωφελής, "useful for life."
γένει < γένος, "family, race, nationality."
κακοπινής (πίνος = "dirt"): "filthy."
τὸ ἰδέσθαι: articular inf. < ὁράω.
ὑπηρεσίαν < ὑπηρεσία, "service."
σαπρός: "rotten"; here "worthless." Generally in the Life "deformed" (Perry *Addenda* 40).
προκέφαλος: "having a protruding forehead."
σιμός: "flat-nosed, snub-nosed."
λορδός: "bent backwards" (so as to be convex in front).
κολοβός: "short, stocky."
βλαισός: "splay-footed."
γαλιάγκων: "weasel-armed," i.e., "short-armed."
στρεβλός: referring to the body, "twisted, crooked"; referring to the eyes, "squint-eyed."
μυστάκων: either "having a prominent upper-lip, liver-lipped" or "having a large mustache." < μύσταξ, "upper lip."
προσημαῖνον < προσημαίνω, "foretell, announce, proclaim."
ἐλάττωμα: "defect."
νωδός: "toothless", i.e., "dumb, mute" (Perry *Addenda* 34, Shipp 97).
ἠδύνατο = class. ἐδύνατο.
λαλεῖν < λαλέω, "speak."

Chapter 2
σιγηλόν < σιγηλός (σιγή = "silence"), "silent." Agrees with τοῦτον and refers to Aesop.
ἔχων: "holding, considering."
ἀποίητον: "useless."
πολιτικῇ < πολιτικός, "of/in the city."

Chapters 4-11 Aesop and the Priestess of Isis

Chapter 4

σκάπτοντος < σκάπτω, "dig."
εἰς τὸν ἀγρόν = class. ἐν τῷ ἀγρῷ. The use of εἰς without a change of state or position is common in koine.
ἔτυχεν < τυγχάνω. Used impersonally here with subject acc. + inf.
ἱεροφόρον < ἱεροφόρος = ἱεραφόρος, "bearer of sacred vessels, priest, priestess."
Ἴσιδος: The cult of the Egyptian goddess Isis became popular in the Greco-Roman world durng the Hellenistic and imperial periods.
πλανηθῆναι < πλανάομαι (+ gen.), "wander/stray (from)."
συνέβη < συμβαίνω, "happen." Used impersonally here with subject acc. + inf.
ἰδοῦσα < ὁράω. The fem. participle indicates that the ἱεροφόρος is female.
ἐλεᾶν < ἐλεάω = class. ἐλεέω, "have/show pity." The previously e-contract verb has become an a-contract (Host. 47-8, Shipp 97). The two kinds of verb were merging in koine.
δεῖξον: 2nd sing. aor. act. imperative < δείκνυμι, "show."
ἐπιστραφείς: aor. pass. < ἐπιστρέφω, "turn around."
περικείμενον < περίκειμαι, "wear"; it modifies ἄνθρωπον and its object is τὸ τῆς θεοῦ σχῆμα.
ὑπάρχων < ὑπάρχω, "be."
ἤρξατο < ἄρχομαι, "begin."
διανεύειν < διανεύω, "nod," i.e., "gesture with the head."
δηλοῖν = class. δηλοῦν. In late Greek –οιν is sometimes found for class. –ουν (Host. 49-50).
κτῆμα: "estate."
εἰσελήλυθας < εἰσέρχομαι, "enter."
μὴ εἰδώς = class. οὐκ εἰδυῖα < οἶδα. Masc. participles are occasionally used in agreement with fem. or n. subjects in koine Greek (cf. Host. 93). The present author regularly employs μή as a negative with participles, almost never οὐ (cf. Host. 100).
ξοίδα < ξοίς, a kind of digging tool, evidently a mattock, since it is later called a δίκελλα (Ch. 6). In earlier Greek, ξοίς = "chisel" (Shipp 97).
ἐν ᾗ: "with which, by means of which." In later Greek ἐν can be used instrumentally in the sense of "with" (Soph.).

Life of Aesop 47

ἐπιλαμβάνεται < ἐπιλαμβάνομαι (+ gen.), "lay hold of (someone/something)."
ἤγαγεν < ἄγω.
σύνδενδρον < σύνδενδρος, "thickly-wooded (place)."
προέθηκεν < προτίθημι.
μάνδικος < μάνδιξ, "knapsack."
λάχανα < λάχανον, "garden herb/vegetable."
ἀποκείρας < ἀποκείρω, "cut off, clip."
μεταλαβεῖν < μεταλαμβάνω (+ gen.), "share, partake of (something)."
πηγήν < πηγή, "spring," here probably "well" (Shipp 97).
ηὔχετο < εὔχομαι, "pray."
ἐνένευεν...ποιῆσαι: "she nodded for him to make..."
λεωφόρον ὁδόν: "highway, major road."
ἁμαξευομένην < ἁμαξεύω, "traverse with a wagon."
ἀπέστη: "stood away, withdrew"; intrans. 2nd aor. (< ἀφίστημι).

Chapter 5

μνησθεῖσα < μιμνήσκομαι (+ gen.), "remember (someone/something)."
ἐπάρασα < ἐπαίρω, "lift, raise."
τῆς οἰκουμένης < ἡ οἰκουμένη (sc. γῆ), "the inhabited world, the earth."
Ἴσι < Ἴσις, voc., unless Ἴσι and μυριώνυμε are to be read as a single word. The usual voc. of Ἴσις is Ἴσιν (LSJ).
μυριώνυμε < μυριώνυμος, "having countless names." The epithet is unique to Isis.
ἐλέησον: see on ἐλεᾶν (Ch. 4).
ἀνθ' ὧν εὐσέβησεν: "in return for reverent acts which he did."
πολυτάλαντον < πολυτάλαντος: the adj. is predicative, "(so that it is) prosperous" (lit. "many-talented," a talent being a large amount of money).
ἀφῄρηνται: perf. < ἀφαιρέω, "take away."
τὸ...λαλεῖν: articular inf., obj. of χάρισαι, 2nd sing. aor. imperative < χαρίζομαι, "give (as a gift or favor)."
ἐν σκότει = class. εἰς σκότον. The traditionally 2nd decl. masc. noun σκότος ("darkness") is declined here as a 3rd decl. n. (Host. 35).
πεπτωκότα < πίπτω, "fall."
προελέσθαι < προαιρέω, "bring forth."
καταντᾷ < καταντάω, "arrive."

Chapter 6

καύματος < καῦμα, "heat," esp. "midday heat" (Shipp 97).
προστάτου < προστάτης, "overseer, foreman."
ἀνάπαυσιν < ἀνάπαυσις, "repose, rest."
κοιμηθήσομαι < κοιμάομαι, "lie down to sleep, sleep."
τὰς ταύτας: sc. ὥρας; acc. of extent of time.
ἐπιλεξάμενος < ἐπιλέγω, "select."
εὐθαλέστερον < εὐθαλής, "blooming, flourishing."
ἀπαρενόχλητον < ἀπαρενόχλητος, "not likely to be disturbed."
εἰς ὅν = class. ἐν ᾧ.
χλοερᾶς < χλοερός = χλωρός, "bright or light green, green." Poetic adj. (Host. 127).
βοτάνης < βοτάνη, "grass."
ἐπηύξανεν < ἐπαυξάνω, "grow."
διά: "on account of"; the flowers flourish because of the neighboring woods and meadow.
λιβάδα < λιβάς, "spring, pool," but here perhaps "water-meadow" (Shipp 97-8).
κατέλιξεν = καθείλιξεν < καθελίσσω, "wrap, enfold." The aor. κατέλιξεν is an Ionic, or deaspirated form, lacking the temporal augment (Host. 27, 58).
προσκλίνας < προσκλίνω (+ dat.), "place against (something)," here intrans, "place oneself against (something)," i.e., "lie down (on the grass)."
δίκελλαν < δίκελλα, "mattock," a two-pronged hoe.
μηλωτήν < μηλωτή, "sheepskin."
ἤχει < ἠχέω, "make a sound, echo."
τιναχθέντα < τινάσσω, "shake."
φυτά < φυτόν, "plant."
προσηνῆ < προσηνής, "soft, gentle, pleasant."
πολὺς...τέττιξ: i.e., "many cicadas."
ἐτερετίζετο < τερετίζω, "whistle."
ὀρνέων <ὄρνεον = ὄρνις, "bird."
πολυνόμων < πολύνομος, "much-feeding."
θρύλημα: "chatter."
ἐπὶ δὲ λεπτοτάτης πίτυος ὁρμὴ ἀεροπετὴς ἀπεδίδου μίμημα κοσσύφου: "and the stirring of the air (lit. "air-flying rush") on the slenderest pine-tree was mimicking (lit. "giving off an imitation of") a blackbird."
συνῳδός: "sounding in unison with, responsive to, echoing."

Life of Aesop 49

φωνόμιμος: "imitating the sound."
κατέκραζεν < κατακράζω, "cry down, overwhelm with sound."
αὐτὸ δὲ τὸ κεκραμένον ἐξ ἁπάντων: sc. ἦν.
κεκραμένον < κεράννυμι, "mix."
ψιθύρισμα: "whispering."

Chapter 7

ἡ θεός: "the goddess." As a common-gender noun, θεός can be masc. or fem.
παραγίνεται, historical pres. < παραγίνομαι. Instead of the classical Attic γίγνομαι the text regularly shows the Ionic and Hellenistic form γίνομαι (Host. 22). Similarly, γινώσκω is found instead of γιγνώσκω.
πεπλασμένον < πλάσσω, "form, fashion."
ὡδήγησεν < ὁδηγέω, "lead, guide."
ἀνταμείψασθαι < ἀνταμείβομαι, "repay." Inf. of purpose.
ἀποκαθίστημι: "restore"; present for future.
χαρίσασθε < χαρίζομαι; see Ch. 5.
τὸ τραχύ: "roughness, harshness," referring probably to Aesop's inarticulate sounds as a mute.
τῆς ἰδίας δωρεᾶς: "of her own gift." ἴδιος is used commonly in koine as a possessive adj. of the 2nd or 3rd person (cf. Host. 66-7).
εὕρεμα = class. εὕρημα, "inventiveness."
πλοκήν < πλοκή, "plaiting, twisting, weaving"; i.e., "artful devising."
εἰς ἑαυτήν: "to herself," that is, "to her own dwelling."
καὶ αἱ Μοῦσαι δέ: "and also the Muses." δέ is the connective; καί is an adverb.

Chapter 8

τὸ τεχθὲν ὑπὸ τῆς φυσέως: If the text is correct, the phrase must be an internal acc. with ὑπνώσας, "having slept nature's sleep."
τεχθέν < τίκτω, "bring into the world, bring forth."
ὑπνώσας...ὕπνωσα < ὑπνόω, "sleep."
διεγέρθη < διεγείρω, "wake up."
οὐᾶ (< Latin *vae*): "ah, oh!"
πήρα: "pouch."
μὰ τὰς Μούσας: "by the Muses." In the present work the particles μά and νή (+ acc.) are employed more-or-less interchangeably in positive or negative oaths (Host. 103, Shipp 98). Cf. νὴ τὰς

Μούσας (Ch. 53). In classical usage μά (+ acc.) is generally restricted to negative oaths, νή (+ acc.) to positive oaths.
νενόηκα < νοέω, "perceive, observe"; here, "deem."
πάντως: "at any rate."
ἀνθ' ὧν εὐσέβησα: see Ch. 5.
προσδέχομαι: "accept, expect."
λήψεσθαι < λαμβάνω.

Chapter 9
γενάμενος: mixed aor. participle < γί(γ)νομαι. Verb forms combining elements of the class. 1st and 2nd aorists become common in later Greek (Host. 43, cf. Shipp 98).
ἀνελόμενος: aor. mid. participle < ἀναιρέω, "take/pick up."
κατέξανεν = class. κατέξηνεν < καταξαίνω, "card, comb well," i.e., "beat."
μηδὲν...μηδενός = class. οὐδὲν...οὐδενός (see on μὴ εἰδώς Ch. 4).
κέκρουκεν < κρούω, "strike," i.e., "reprimand."
εἰ μή: "except."
ἐπιτάσσοντα < ἐπιτάσσω, "order, give orders." The author employs the forms τάσσω and τάττω, as also πράσσω and πράττω, interchangeably (Host. 31).
προφάσει < πρόφασις, "pretext."
διένευεν < διανεύω, "nod."
ἐπηγγείλατο < ἐπαγγέλλομαι, "promise, propose."

Chapter 10
ῥόθιος: "rushing"; poetic adj. (Host. 127).
ἀφήλατο < ἀφάλλομαι (+ gen.), "leap from (something)."
ἅψας...τὸν ἱμάντα ἀπὸ τοῦ κρίκου τοῦ πυλῶνος: "after attaching the reins to the ring of the gateway."
τεταραγμένος < ταράσσω .
τερατῶδες < τερατώδης, "portentous, monstrous."
μή: signals that the speaker anticipates a negative reply to his question, "it can't be, can it?"
πάρωρον < πάρωρος, "out of season."
σαπρός: see Ch.1.
ἀπεπέμψω: 2nd pers. sing. aor. < ἀποπέμπω.
τέτοκεν < τίκτω, "bear, give birth to." The joke is set up by the preceding reference to Aesop's protruding belly.

Life of Aesop 51

γένηται: wish expressed by the subj. rather than by the optative, which has mostly disappeared from koine (Host. 84, Shipp 98).
ἀφείλαντο = class. ἀφείλοντο < ἀφαιρέομαι. Mixed aor. (Host. 44).
καταλλαγέντες: aor. pass. participle < καταλλάσσω, "reconcile."
οὔτε: apparently = οὐδέ, "not even."

Chapter 11
πορεύου: 2nd pers. sing. pres. imperative < πορεύομαι, "go."
πώλησον: 2nd pers. sing. aor. act. imperative < πωλέω, "offer for sale, sell."
ἀγοράσαι καὶ...ἔχειν: parataxis. ἀγοράσαι < ἀγοράζω, "buy."
κυνοκέφαλον < κυνοκέφαλος, "dog-headed," i.e., "baboon."
δέρων < δέρω, "flay, thrash, beat."
ἵνα αὐτὸν ἀποκτείνω = class. ὥστε (ἐμὲ) ἀποκτεῖναι αὐτόν. ἵνα (+ subj.) employed to introduce a result clause (Host. 90).
ὑπηρετεῖτο (< ὑπηρετέω = "serve"): "were serving (him) well."
δωρηθέντα < δορέω, "give, present."

Chapters 22-33 Aesop is Purchased by the Philosopher Xanthos
The scene shifts to the island of Samos, where the renowned philosopher Xanthos has a school.

Chapter 22
τὴν γυναῖκα τοῦ Ξάνθου: The text assigns her no proper name.
φορείῳ < φορεῖον, "litter."
βασταζομένην < βαστάζω, "lift up, carry."
ἀκούσας: masc. participle modifying a fem. subject (cf. Host. 93).
τοῦ κήρυκος: the herald, announcing a sale of slaves.
ἀρρενικά < ἀρρενικός, "male."
σωμάτια < σωμάτιον, dim. of σῶμα, "body, person, slave."
τὰ πλείονα: "for the most part." Acc. of respect.
παιδαρίων < παιδάριον, dim. of παῖς, "child, slave." Refers here to her maids.
ὑπηρετεῖσαι: 2nd pers. sing. pres. pass. < ὑπηρετέω, "serve"; uncontracted ending -σαι, which in class. Attic is contracted to – ει or –ῃ (Host. 46-7).
κηρύσσονται < κηρύσσω, "proclaim, announce a sale."
διακονίαν < διακονία, "service."

52 William Hansen

καθαρόν < καθαρός, "clean, pure," by extension "faultless"; here, probably, "decent."
σχολαστικούς < σχολαστικός, "scholar," here "student."
ἀσπασάμενος < ἀσπάζομαι, "greet."
φιλολογήσας < φιλολογέω, "discourse learnedly."
μελέτης < μελέτη, "practice, exercise"; here apparently "classroom" (cf. Host. 110).

Chapter 23
πόρρωθεν: "from afar, from a distance."
τοὺς μὲν δύο...τὸν δὲ ἕνα: Ch. 21 describes how the slave-dealer dresses two good-looking slaves in an attractive manner but makes no attempt to enhance Aesop's appearance.
ἐπίνοιαν < ἐπίνοια, "thought, inventiveness, purpose." That is, applied mental activity.
σωματεμπόρου < σωματέμπορος, "slave-dealer."
ἀνεκραύγασεν < ἀνακραυγάζω, "cry out."
εὐεπινόητος: "clever."
ἄκρος: "excellent."
καθηγητά: voc. < καθηγητής, "professor."
μὴ φθονέσῃς (+ inf.): "don't refuse (to do something)." φθονέσῃς = class. φθονήσῃς (Host. 50).
συνεστάναι: "consist"; intrans. 2nd aor. < συνίστημι, "set together, combine."
σιγωμένη: "unspoken."
ὀρχηστῶν < ὀρχηστής, "dancer, pantomime dancer."
ἐστιν: "(it) is possible."
ἐπιγνῶναι < ἐπιγι(γ)νώσκω, "find out, discover, judge."
διὰ πολλοῦ (sc. χρόνου): "over a long period of time, in a sustained way."
κοινωθέντα < κοινόω, "communicate."
καὶ αὐτά: looks back to τὰ κοινωθέντα, lending emphasis.
<ἔστησε...σαπρόν>: Perry perceives a lacuna here and supplies as an example the sort of sense that may have fallen out of the manuscript.
παρετέθη, 3rd pers. sing. aor. < παρατίθημι, "place beside."
εἴδησις: "knowledge."
ἠλέγχετο < ἐλέγχω, "put to the proof, test."
ἐνθύμησιν < ἐνθύμησις, "consideration"; here "intent."
ἀλλὰ μήν: "yet truly."

Chapter 24
ποταπός = class. ποδαπός, "from what country? where born? whence? of what sort?"
Καππάδοξ: "Cappadocian."
ἑστώς: "standing"; intrans. 2nd pf. participle with pres. significance < ἵστημι.
ἀθρόον: "all at once, suddenly."
γελάσαντα καὶ... The text breaks off in mid-sentence. A page was presumably lost from the manuscript in the course of the transmission of the text.

Chapter 25
φέρε οὖν: "come now."
ἐπιγνῶ: 1st pers. sing. hortatory subj., "let me discover."
εἰ οἶδέν τι: "if he (= the third slave = Aesop) knows anything."
μὴ τὸ κερμάτιον κενῇ χάριτι προαπολέσητε: negative purpose clause, with omission of ἵνα or ὅπως, "in order that you not lose your money doing a favor to no purpose." Perhaps proverbial. Xanthos alludes to an earlier offer by his students to pay for the purchase of the slave (Ch. 24 W). κερμάτιον: dim. of κέρμα, "coin."
χαῖρε: "greetings, hello," but its literal significance is "rejoice," hence the quip that follows.
τί γάρ: "Why so?" The particle γάρ is often used to strengthen questions and answers.
"τί γάρ; ἐλυπεῖτο;": The students repeat Aesop's question now as a past event.
<κατεπλάγησαν...λόγῳ>: supplied by the editor from W for the sake of the sense.
κατεπλάγησαν < καταπλήσσω, "strike down; strike with amazement, astound."
εὐστόχῳ < εὔστοχος, "well-aimed."
σάρκινος: "fleshy, made of flesh." Aesop continues perversely to take Xanthos's questions in their narrowest literal sense.
ἐγεννήθης < γεννάω, "bring forth, bear."
πάντα αὐτῷ κακά: sc. γένοιτο or γένηται.
ποίῳ τόπῳ (= class. τίνι τόπῳ): "in what place?" The adj. ποῖος is used here without any notion of quality (Host. 70-71), as elsewhere in koine.
πότερον ἢ...ἤ = class. πότερον...ἤ.

κοιτῶνι < κοιτών, "bedroom."
τρικλίνῳ < τρίκλινος (< Latin *triclinium*), "dining-room."
ὅλως: "entirely, absolutely."
παρακάτεροι, colloquial form of παρεκάτεροι, "those on each side" (Shipp 100, LSJ Suppl.). In the W tradition of Ch. 24 there is another slave who also claims he can do "everything."

Chapter 26
θέλεις + deliberative subj. = "Do you want, shall I...?", i.e., "Do you want me to...?"
ἐννοεῖς < ἐννοέω, "think, consider."
σύμβουλον < σύμβουλος, "advisor."
κεκτῆσθαι < κτάομαι, "acquire"; pf., "possess, have."
ἵνα...λάβῃς = class. ὥστε...λάβῃς. Result clause.
εἰ οὐ θέλεις = class. εἰ μὴ (ἐ)θέλεις.
πάραγε < παράγω (intrans.), "pass by, go."
δίκτυα < δίκτυον, "net."
ἐγγύην < ἐγγύη, "surety."
περιτίθησι < περιτίθημι, "bestow, confer."
προαιρέσεως < προαίρεσις, "choosing, choice."
τιμήν < τιμή, "price."
βαλλαντίου < βαλλάντιον, "purse."
πύλας: mocking high diction for comic effect.
σκῶπτε < σκώπτω, "mock, make fun of."
πολύλαλος: "talkative." The choice of adj. sets up Aesop's retort.
<ὁ Αἴσωπος...πωλεῖται>: supplied by Perry from a collection of proverbs attributed to Aesop; the sense requires something of the sort.
στρουθία < στρουθίον, dim. of στρουθός, "sparrow."
πολλοῦ: gen. of price.
ὁ Αἴσωπος: narrator's slip. The students are represented as knowing Aesop's name, although it has not yet been mentioned.
ἀπεστομάτισεν < ἀποστοματίζω, "dictate (to a pupil), catechize or interrogate (a pupil)."
μή: indicates that Xanthos expects a negative answer.
δραπετεύειν < δραπετεύω, "run away."
ἐν τίνι: "in whose power...?"
καλόδουλος: "good to slaves" (Perry *Addenda* 33).
πλάνας < πλάνη, "wandering."
προσδοκῶν < προσδοκάω, "expect."

μένω: pres. tense used in place of future (μενῶ) in a future-more-vivid condition (Host. 77). Or possibly the copyist simply got the accent wrong (Perry, app. crit.).
στιγμήν < στιγμή, "point (of time), moment."
οὗτος φεύγει ἐὰν ἑαυτῷ τι γένηται: an aside; another fut.-more-vivid condition whose principal verb is pres. rather than fut.
σαπρός: "rotten"; here "hardly human," in contrast to ἀνθρώπινα.
"τί ἐστιν τὸ εἶδος;" ὁ Αἴσωπος "ὅ τι;": "What is appearance?" Aesop: "(You ask) what (it is)?" (Shipp 100). When a dir. question is restated as an indir. question, the interrogative pronoun or adverb is restated in its indir. form.
οἰνοπώλιον: "wine-shop."
κεράμια < κεράμιον, "jar."
ἀειδῆ < ἀειδής, "unsightly."
γεύματι < γεῦμα, "taste."

Chapter 27
πόσου: gen. of price.
ἀλλ': ἀλλά here introduces a surprised or indignant question. "What?" "Do you mean that...?"
κατάπτυστον < κατάπτυστος, "spat upon"; i.e., "despicable, abominable."
ἀνδραπόδιον, contemptuous dim. of ἀνδράποδον, "slave."
ἐξ ἐκείνων: sc. ἕνα, "one of these."
ἐπιθήκην: "addition"; i.e., "bonus."
δηναρίων < δηνάριον (< Latin *denarius*), a kind of Roman coin.
δαπάνας < δαπάνη, "cost, expense."
ἴσωσον < ἰσόω, "make equal."
τελῶναι < τελώνης, "tax-collector."
πέπρανται...πέπρακεν...πεπραμένος: πέπρακα, πέπραμαι, and ἐπράθην serve respectively as the pf. act., pf. mid./pass., and aor. pass. of the verb πέρνημι, "sell."
τίς πέπρακεν ἢ τίς ὁ ἀγοράσας; The pf. is more common in koine than in class. Greek, encroaching upon the aor. (Host. 81). The two tenses are used interchangeably in this sentence.
διετρέπετο < διατρέπομαι, "be averse."
εἰπεῖν...ὅτι: In the class. language ὅτι introduces indirect discourse, not direct discourse. In the present work direct discourse is introduced by φημί, λέγω (alone), λέγω ὅτι, and other verbs.
ᾐσχύνετο < αἰσχύνομαι, "be ashamed."

56   William Hansen

κέκραγε: pf. with pres. sense; < κράζω, "cry out."
ο'ε': "75."
ἐχαρίσαντο...τὴν τιμήν: The price was so negligible that the tax-collectors "forgave the tax."
ἀποταξάμενοι < ἀποτάσσομαι, "say farewell" (Shipp 100).

Chapter 28

καυματινῆς < καυματινός, "burning hot" (LSJ Suppl., Shipp 101).
ἐρημαζούσης < ἐρημάζω, "be deserted."
ἀναστείλας < ἀναστέλλω, "raise."
οὐρεῖν < οὐρέω, "urinate, piss."
δραξάμενος < δράσσομαι, "seize, lay hold of."
ἀναβολῆς < ἀναβολή: "the part of the garment that is thrown over the shoulder; mantle."
εἵλκυσεν < ἕλκω, "draw, pull."
οὐ μή...ὑπομείνῃς; "since you won't bear..." οὐ μή + aor. subj. encodes a strong negative statement.
ὁ Ξάνθος: The text reads for a while like a playscript, the names of the speakers being indicated without connectives.
ὁ ἐνέγκας σε (sc. ἦν) πάντως τις: "the man who brought you was entirely one (of those who)"; apparently referring to an imagined earlier owner. ἐνέγκας = class. ἐνεγκών < φέρω.
εἰωθότων, pf. participle with pres. significance < ἔθω, "be accustomed."
εὐσταθούσας < εὐσταθέω, "be stable/tranquil/healthy."
διαβολαῖς < διαβολή, "accusation, slander."
ἀποκαλῶν < ἀποκαλέω, "call by name (esp. in disparagement), stigmatize."
πάροινον < πάροινος, "drunkard."
στομαχώδη < στομαχώδης, "irascible."
ὀργίλον < ὀργίλος, "inclined to anger."
πρόσεχε (sc. τὸν νοῦν): "pay attention."
ὀξύνει < ὀξύνω, "sharpen, provoke"; either a proverbial expression or momentarily heightened diction, like λῦε...πύλας (Ch. 26).
σημάντια: perhaps, "gossip, report" (Perry Addenda 35).
χύσις: "stream."
πληγῶν πεῖρα: "trial (consisting) of blows," i.e., "beating."
κόλασιν < κόλασις, "punishment."
τοῖς φυσικοῖς ὅροις: "physical necessities."
ἀνάπαυσιν: see Ch. 6.

Life of Aesop 57

ἐπὶ ἀπόκρισιν πεμφθέντα: "sent for an answer"; in effect, "sent on an errand."
πετόμενον < πέτομαι, "fly."
χέζειν < χέζω, "defecate, shit."
ἐταράχθης < ταράσσω, "disturb."
φαῦλα < φαῦλος, here, "bad, unpleasant."
ζεστότητα < ζεστότης, "boiling heat."
δριμύτητα < δριμύτης, "acridness."
φλογήν < φλογή, "flame."
ἐξέκαυσεν < ἐκκαίω, "burn up, burn."
συνεστώς: here apparently, "standing still."
ἔδαφος: "ground."
ὀσφρήσεις: "nostrils"; < ὄσφρησις, "organ of smell."
ἐκροάς < ἐκροή ("outflow"), "orifice" (of the body), as a site of efflux.
φράσσει < φράσσω, "block."
πέπεικας < πείθω.
λοιπόν: adverbial, "henceforth"; περιπάτει λοιπόν: "carry on walking!"
ἠγνόουν < ἀγνοέω, "not know."
ἑαυτοῦ: The 3rd pers. reflexive pronoun can be used for the 1st or 2nd pers., especially in later Greek.
πριάμενος < ἐπριάμην, used as an aor. of ὀνέομαι, "buy"; indir. discourse after ἠγνόουν. "I didn't realize I'd bought..."

Chapter 29
φθασάντων < φθάνω, "arrive" (class. "arrive first").
γύναιον, dim. of γυνή, "wife."
καθαρόν: see Ch. 22.
μέχρις οὗ: "until." Without ἄν, unlike class. (Host. 91).
καταγγείλω < καταγγέλλω, "announce."
σαπρίαν < σαπρία, "physical deformity" (Perry *Addenda* 40).
προῖκα < προῖξ, "dowry."
ἀπαιτήσασα < ἀπαιτέω, "demand back."
εἰ γυναικοκρατεῖσαι: "if you're henpecked." For the ending see on ὑπηρετεῖσαι (Ch. 22).
καταγογγύζεις < καταγογγύζω, "murmur against"; present for future.
λέγειν ἔχεις: ἔχω (+ inf.) = "be able (to do something)."

58   William Hansen

παιδισκαρίων < παιδισκάριον, dim of παιδίσκη (in turn a dim. of παῖς), "female slave, maid."
ἴδε: imperative of εἶδον < ὁράω.
εὐχαριστῶ < εὐχαριστέω (+ dat.), "be thankful to, thank (someone)."
ἧς = class. ἦσθα.
ἐνύπνια < ἐνύπνιον = ὄνειρος, "dream."
ἐχαρίσω aor. < χαρίζομαι; see Ch. 5.
ὄψει: 2nd pers. sing. fut. < ὁράω, "see."
ἐθεάσω < θεάομαι, "gaze at" (with a sense of wonder).
ἀληθεύομαι < ἀληθεύω, "speak truly."
'Απόλλωνα, Ἐνδυμίωνα, Γανυμήδην: mythological males renowned for their physical attractiveness.

Chapter 30
κορασίων < κοράσιον, dim of κόρη, "girl, maiden."
εἶπας = class. εἶπες; mixed aorist.
δόγμα: "principle."
παιδείας < παιδεία, "training."
ἄκλητον < ἄκλητος, "uninvited."
καλέσῃ: subj. evidently with jussive force.
νεώνητον < νεώνητος, "newly-purchased."
γαμησείουσα < γαμησείω, "desire to marry" (Shipp 101).
προαρραβωνίζω: "betroth beforehand."
ὧδε: "here."
κέρκος: "tail."
εἰς κυνοκέφαλον = ὡς κυνοκέφαλον (Shipp 101). For κυνοκέφαλον, see Ch. 11.
ἔσκωψεν: see σκῶπτε (Ch. 26).
ὑπονοεῖς < ὑπονοέω, "suspect, guess."
αὐτοῦ: "here."
τέρας: "marvel, monstrosity."
συντρόφους < σύντροφος, "brought up together with," i.e., "housemate."
ἐμπυρίζω: "set on fire, inflame."
κῦρις: late, short form of κύριος, "master" (Soph.).
πατάξῃ < πατάσσω, "strike." Wish expressed by the subj. (see γένηται, Ch. 10).
ἕνεκεν = ἕνεκα.
κάθαρμα: "refuse," i.e., "piece of garbage." A common insult.

Life of Aesop 59

πολλά σοι κακά (sc. γένηται or γένοιτο): cf. πάντα αὐτῷ κακά (Ch. 25).
μή μοι κολλῶ (2nd pers. sing. pres. mid. imperative): "Keep your distance from me!" < κολλάω, "glue."
ἔστη (< ἔστην, intrans. 2nd aor. < ἵστημι): "stood, stopped."
ἄντικρυς = ἄντικρυ, "opposite."

Chapter 31
κακοπινές: see Ch. 1.
ἀπεστράφη: intrans. aor. pass. < ἀποστρέφω, "turn away."
εὐεπινοήτως: "cleverly."
φιλοκάθαρον < φιλοκάθαρος, "fastidious." Cf. καθαρός (Ch. 22).
ἤνεγκάς = class. ἤνεγκες, mixed aor.; likewise εἶπας below.
ἐπίτηδες: "on purpose, cunningly, deceitfully."
ὑποφέρουσα < ὑποφέρω, "endure."
ἐπ' ἐμαυτῆς: "to my own dwelling." Cf. εἰς ἑαυτήν (Ch. 7).
καθ' ἑαυτήν: see Ch. 28 ἑαυτοῦ.
ἑπτασφόνδυλα < ἑπτασφόνδυλος, "having seven-segments," referring to the tail of a scorpion, i.e., "with the bite of a scorpion's tail."
πορεύσηται: subj. with jussive or optative force.
θέλεις οὖν ἵνα μένῃ: The constructive θέλω + ἵνα + subj. can correspond to class. ἐθέλω + inf. (Soph. s.v. θέλω, Host. 90). Sometimes ἵνα is omitted, as in θέλεις ἀγοράσω σε (Ch. 26).
ταπεινέ < ταπεινός, "low, lowly." Another term of insult.
ὑποκρινοῦμαι: fut. < ὑποκρίνομαι, here "act, play a role."
ῥίξας = ῥίψας < ῥίπτω, "throw, cast; place, set down."
ἀνέκραγεν < ἀνακράζω: "cry out, shout."
αὐτὸν...δείξω...οἷόν ἐστιν περικάθαρμα: "lilies-of-the-field" construction, in which the subject of the subordinate clause appears also as the object of the principal clause: "I'll show him, what sort of worthless garbage he is" = "I'll show what sort of worthless garbage he is." περικάθαρμα = κάθαρμα (Ch. 30).
ἀκροατηρίοις < ἀκροατήριον, "lecture hall."

Chapter 32
κυράν < κυρά, later short form of κυρία, "mistress" (Soph.).
βούλει ἵνα...ὠνήσῃ: see on θέλεις...μένῃς (Ch. 31).

ποταπόν < ποταπός = ποδαπός, "of any kind," or perhaps "of some sort." Used here as an indefinite adj. Usually an interrogative adj., as in Ch. 24.
εὐήλικον < εὐήλικος = εὐῆλιξ, "in the prime of life."
εὐηδῆ < εὐηδής = εὐειδής, "good-looking."
βαλανεῖον: "bath."
θερίστριον: "summery thing," i.e., "light garment."
συγκαθεσθείς < συγκαθέζομαι, "sit down together."
συμπαίξῃ < συμπαίζω, "play with, dally amorously with."
συμπαίξῃ and all other verbs in the sentence are in the subj. mood after ἵνα.
ὡς εὐαρέστῃ ἀργυρωνήτῳ: "like a pleasing woman bought with silver," that is, "as if you were his darling slave."
ἀντιμειδιάσῃς < ἀντιμειδιάω, "smile in return."
ἐρεθισθῇς < ἐρεθίζω, "excite."
κοιτῶνα < κοιτών; see Ch. 25.
κατανυγεῖσα: 2nd aor. pass. < κατανύσσω, "scrape, gouge"; here, "excite sexually."
ἐπισπάσῃ < ἐπισπάω, "draw towards."
καταφιλήσῃς < καταφιλέω, "caress, kiss."
διαπαιχθῇ < διαπαίζω, "laugh at."
εὖγε: "rightly, well said."
χρυσῶσαι < χρυσάω, "gild."
κακόν: with οὐδέν, "no...evil (thing)."
ἀπὸ ὡραίων σωματίων = class. ὑπὸ ὡραίων σωματίων.
οἱ: employed here as a simple pronoun of the 3rd pers., an Ionicism adopted by koine authors (Host. 63). In class. Attic it is an indirect reflexive pronoun.
κινητιᾶν < κινητιάω, "want to screw." κινητιάω is the desiderative form of κινέω, which like βινέω is a vulgar term for sexual intercourse.
τὰ ἴδια: see Ch. 7 (τῆς ἰδίας δωρεᾶς).
ἴδε: 2nd pers. sing. imperative of εἶδον < ὁράω.
ἱπποπόρνη: "big whore." The prefix ἱππο- functions as an augmentative, signifying "large" and/or "coarse." Cf. English "horseradish."
Δημοσθένην καθαρόν: "a veritable Demosthenes." Predicate.
γοργόν < γοργός, "fierce, spirited."
ἀνθρωπάριον: dim. of ἄνθρωπος.
εὐτράπελον < εὐτράπελος, "quick-witted."

Life of Aesop 61

διαλλάσσομαι (+ dat.): "be reconciled (with someone)." Likewise διήλακται.
καταπλήξει < κατάπληξις, "striking with amazement."
ἐπραύνα: aor. < πραύνω, "make mild, tame."
δραπέτα < δραπέτης, "runaway, fugitive." Common term of insult for a slave.

Chapter 33
λόγιος: "skilled in words."
ἐμφανές < ἐμφανής, "manifest."
ἐπλανήθην < πλανάω, "cause to wander, lead astray, deceive."
ὑπελάμβανον < ὑπολαμβάνω, "assume, suppose."
ἠγοράσθαι, pf. mid. inf. < ἀγοράζω, "buy."
ξενίζου < ξενίζω, "entertain as a guest; surprise, astonish"; here "be surprised."
ἐσκελίσθαι < σκελίζω, "trip (a person) up"; articular inf. with subject acc.
δεομένῳ < δέομαι, "ask for."
τῷ προστάτῃ τῶν Μουσῶν: periphrasis for Apollo.
τὴν μαντικήν (sc. τέχνην): "prophecy, divination."
ὑπερέχειν < ὑπερέχω (+ acc.), "surpass (someone)." The subject is Apollo.
ὑπερφρονεῖν < ὑπερφρονέω (+ gen.), "surpass/excel (someone) in knowledge or wisdom."
ἀλαζονικώτερος: "rather boastful"; comparative used as an intensive.
ὁ τούτου μείζων: periphrasis for Zeus.
ἔπλασεν < πλάσσω, "form, fabricate."
ἐπιγνούς < ἐπιγι(γ)νώσκω, "recognize."
χρείαν < χρεία, "need, use."
ἠρώτησεν < ἐρωτάω, "ask (a question)"; here = αἰτέω, "ask (e.g., someone to do something), entreat."
καταλλαγῆναι < καταλλάσσομαι, "be reconciled."
ἀκυρῶσαι < ἀκυρόω, "invalidate."
ὁ δὲ καταλλαγεὶς αὐτῷ: sc. ἦν or the like.
ἀκρίβειαν < ἀκρίβεια, "accuracy"; acc. of respect.
πρωτοτύπου < πρωτότυπος, "original."
καταφύγωσι < καταφεύγω, "have resort to, fall back upon."
προπλασθείς: "formed beforehand," referring evidently to the class of deceptive dreams.

ἐπιστῇ: ἐφίσταμαι commonly describes the stance of dreams, which stand on or near the dreamer. παρέστη in the following sentence is similar.
ἦν: sc. ἀληθινός.

Chapters 44-73 Aesop in the Household of Xanthos the Philosopher

Chapter 44

ἑξῆς: "in order, thereafter, next."
σὺν αὐτῷ = σὺν Ξάνθῳ.
εἷς: "one" sometimes functions as an indef. pronoun (Host. 72).
ἐκάλεσεν < καλέω, here, "invite," a common significance.
ἄρας < αἴρω, "pick up, lift."
λέγω: "I mean."
σπυρίδα < σπυρίς, a kind of large basket.
πίνακα < πίναξ, "platter." Wooden planks functioned both as serving dishes and also, since diners might eat directly from them, as plates.
μάππαν < μάππα (< Latin *mappa*), "napkin."
φανόν < φανός, "torch."
λέληθεν < λανθάνω, "escape (someone's) notice"; here with dat. not acc.
τῇ εὐνοούσῃ: "to her who cares (sc. for me)." < εὐνοέω (+ dat.), "feel goodwill toward, like (someone)."
μετελθεῖν < μετέρχομαι, "pursue."
μῆνιν < μῆνις, "anger, grudge"; a poetic word, here perhaps comic.
ἀνθ' ὧν: "in return for the things which."
καὶ ὅτι...συνεπάτησεν: "and because she scattered and stomped on the vegetables that the gardner had given me." An allusion to an earlier incident that has fallen out of the manuscript.
ἀφῆκεν < ἀφίημι, here, "allow."
δωρεάν = δῶρον. Refers to the vegetables.
εὐχαρῆ < εὐχαρής = εὔχαρις, here, "pleasing." Usually = "charming, gracious."
ἐπάν: The author uses ἐπάν to introduce causal clauses ("since...") with the indicative, corresponding to class. ἐπεὶ + indicative. In the earlier language ἐπάν introduces temporal clauses ("when...") with the subj. (Host. 86-87).

Life of Aesop 63

Chapter 45
κατάμαθε < καταμανθάνω, "observe well, examine closely, inspect."
μή τι λείπει: "nothing is missing, is it?" For μή see Ch.10.
παραβέβρωται < παραβιβρώσκω, "nibble at."
σῶα < σῶς, "safe, whole, intact."
ὑγιῆ < ὑγιής, "sound, in good condition."
δραπέτα: see Ch. 32.
ἔκδεξαι: aor. mid. imperative < ἐκδέχομαι (+ acc.), "wait for (someone/thing)."
ὀλίγον (sc. χρονόν): "for a little while." Acc. of duration of time.
οἰκοτραφῆ < οἰκοτραφής, "home-bred."
προσέδραμεν < προστρέχω, "run to."
ἐβρωμάτισεν < βρωματίζω, "give to eat." Cf. παραβιβρώσκω above.
καταφαγούσης < κατεσθίω, "devour."
παρεγένετο: 2nd aor., whereas at the beginning of the chapter the mixed aor. form παραγενάμενος appears.
ἔστη: see Ch. 30. As the free men reclined at table, their slaves stood behind them, prepared to do their bidding.

Chapter 46
τί ἐστιν;: presumably, "what is (the state of things)?" = "how did it go?"
ἔφαγεν < ἐσθίω, "eat."
ἐπείνα < πεινάω, "be hungry."
ἐν ἑαυτῇ: "to herself."
κατηύχετο < κατεύχομαι, "pray earnestly."
ἐγὼ αὐτῇ ἀμύνομαι: "I'll get her back for that." Pres. used with the force of the fut.
μένειν < μένω, "live, dwell." "Girls, I can't live with Xanthos any longer." A few sentences later the verb has its class. significance of "remain" (μένει περίλυπος).
δότω: 3rd pers. aor. imperative < δίδωμι.
προῖκα < προίξ; see Ch. 29.
ἀναχωρῶ: "go back, withdraw," returning in this case to her father's house. Pres. used in place of fut. (Host. 77), as often with verbs of coming or going.
λοιπόν: see Ch. 28.

Chapter 47

μηκύνοντος < μηκύνω, "be lengthy, continue at length."
πότου < πότος, "drinking, carousal."
ὁμιλία: "conversation, talk."
καὶ ὡς: "and as (happens)."
ζητήματα < ζήτημα, "question, puzzle, riddle."
ποικίλα < ποικίλος, "diverse, various; complex, subtle, intricate."
προετίθοντο = προετίθεντο < προτίθημι, "set out, propose."
πῶς ἔσται...ἀνθρώποις: "how will there be a great disturbance among human beings?" That is, "what would create the greatest confusion for human beings?" The fut. tense ("will be") steps in for the potential optative ("would be"), which is nearly obsolete in koine. It is harder to account for the positive μεγάλη ταραχή instead of the superlative ἡ μεγίστη ταραχή.
ἑστώς: see Ch. 24.
ἐάν...ἀπαιτοῦσιν: ἐάν ("if") is employed with the ind. here, whereas the class. language requires the subj.. Similarly, ἐπάν ("since") + ind. (Ch. 44 and 46).
ἀπαιτοῦσιν < ἀπαιτέω, "demand back."
γογγυσμός: "murmuring."
εἰς τοὺς σχολαστικούς = class. ἐν τοῖς σχολαστικοῖς.
νεώνητός: see Ch. 30.
πρόβατον means "sheep" or "ox" or a kind of fish; applied to humans it implies stupidity and/or laziness. Perry (*Addenda* 39) suggests "sluggish fish," although this hardly seems witty. The point is now obscure.
λαλεῖ < λαλέω; see Ch. 1.
καθηγητά: see Ch. 23.
μὰ τὰς Μούσας: see Ch. 8.
σὺ ἐπίτρεψον Αἰσώπῳ πιεῖν: "Let Aesop have a drink." As a reward for the cleverness of his last remark or of his several remarks. Ordinarily, however, slaves did not join in the conversation of their masters at a party.

Chapter 48

κέκραγεν: see Ch. 27.
χοιρίδιον: dim. of χοῖρος = "young pig, pig."
τονθρύζει < τονθρύζω = τονθορύζω, "mumble, mutter."
εὑρίσκοντος: εὑρίσκω + inf. = "discover how to."

εὔχρηστον < εὔχρηστος, "useful." Predicate adj. with τὸ γάλα.
τρίχας < θρίξ, "hair, wool." Used here as a countable noun but in the following clause (τὴν...τρίχα, acc. of respect) as a collective.
εὐσχημοσύνην < εὐσχημοσύνη, "elegance," referring to products woven of wool.
ἀποκείρεται < ἀποκείρομαι, "cut (someone's) hair."
βαροῦσαν < βαρέω, "weigh down."
ἀμελγόμενον < ἀμέλγω, "milk."
κουφίζεται < κουφίζω, "lighten."
ὅταν (< ὅτε + ἄν): "when." ὅταν is used with the indicative here, whereas the class. language employs the subj.. Similarly, ἐπάν (Ch. 44, 46) and ἐάν (Ch. 47).
ὑποπτεῦον, pres. n. participle < ὑποπτεύω, "suspect."
γεγηθός < γηθέω, "rejoice, be happy." The pf. has a pres. sense.
σίδηρον < σίδηρος, "iron"; here, "iron implement, knife."

Chapter 49
ὑποστρέψας < ὑποστρέφω, "return." Intrans. verb.
τὸν οἶκον αὐτοῦ...τὴν ἑαυτοῦ γυναῖκα: The possessive gen. of pronouns occurs more frequently in koine than in class. Greek.
κολακεύειν < κολακεύω, "flatter."
καταφιλεῖν: see Ch. 32.
ἀπεστρέφετο < ἀποστρέφομαι (+ acc.), "turn away (from someone) in abhorrence."
πρόσιθί, 2nd pers. sing. pres. imperative < πρόσειμι, "approach."
δουλοκοῖτα (voc.) < δουλοκοίτης, "slave-lover." Since the implication is sexual (κοίτη = "bed"), the actual register of the word probably falls between "slave-lover," which is a bit mild, and "slave-screwer," which seems too strong.
κυνοκοῖτα < κυνοκοίτης, "dog-lover." As with δουλοκοίτης, the implication is sexual, "one who lies with a dog" (Perry *Addenda* 33).
τί ποτε: ποτε intensifies the question = "what ever/possibly/in the world...?"
ἤρτυσε < ἀρτύω, "devise, prepare."
ὕπαγε < ὑπάγω, "go," as opposed to ἔρχομαι = "come."
Αἴσωπόν τις καλείτω, "somebody call Aesop!"

Chapter 50
ποῦ ἐστιν: sc. τὰ μέρη.

ἐνώπιον (+ gen.): "facing (someone)."
ἀρνησάσθω: 3rd pers. sing. aor. med. imperative < ἀρνέω, "deny."
λέγει...μὴ εἰληφέναι, "she says she didn't get any." Inf. < λαμβάνω in indir. discourse.
τί οὖν: "how so?" Makes an objection.
ἀλλὰ τίς: sc. εἰ μὴ αὕτη.
ἀπόδειξις: "proof, demonstration."
μεριδίων < μερίδιον, dim. of μέρος.
δεῖρον < δέρω, strictly "flay," but colloquially "thrash, beat."
ἀπόλεσον: 2nd pers. sing. aor. act. imperative < ἀπόλλυμι, "destroy, kill." But the full, literal sense cannot be intended here; thus, "all but kill."
οὐ μὴ ἀποχωρήσει: οὐ μὴ + fut. ind. expresses a strong denial. Cf. οὐ μὴ + aor. subj (Ch. 28).
ἐπιλαθόμενος < ἐπιλανθάνομαι / ἐπιλήθομαι (+ gen.), "forget, lose thought of (something).
κέρκον: see Ch. 30.
σείουσα < σείω, "move to and fro, wag."
ἔδει σε + inf., "you should have."
κυρά: see Ch.32.
παρὰ τὴν τοῦ λαβόντος (sc. τὰ μέρη) βαττολογίαν.
βαττολογίαν < βαττολογία, "babble" (Soph.).
πρόφασιν < πρόφασις, "excuse, pretext."
εὑρήσω: if this sentence is taken closely with the preceding one, Xanthos continues speaking to his wife; if not, he speaks to himself. In any case Aesop is no longer present. The narrator treats the change of scene or personnel casually.
δι' ἧς αὐτὸν μαστιγώσω: relative clause of purpose with the fut. ind. μαστιγώσω < μαστιγόω, "whip, flog."
ἐκδικήσω < ἐκδικέω, "avenge."

Chapter 50a relates how Xanthos's wife leaves him and how Aesop induces her to return. The chapter is present in W but lost from manuscript G.

Chapter 51
τῇ ἐπαύριον (sc. ἡμέρᾳ): "on the next day."
τοὺς ἤδη καλέσαντας αὐτὸν σχολαστικούς: "the students who had already (= previously) invited him (sc. to dinner)." But on that

Life of Aesop   67

occasion (Ch. 44) the narrator represented the invitation as being issued by a single student.

ἕψησον < ἕψω, "boil."

εἴ τι καλόν: "if (there is) something good," i.e., "whatever is good."

ἐγὼ αὐτῷ δείξω: answering to Xanthos's secret plan to find a pretext to punish his slave (Ch. 50), Aesop forms a secret plan to punish his master.

διατάττεσθαι < διατάττομαι, "give orders."

μάκελλον < μάκελλος (< Latin *macellum*), "(meat-)market."

τεθυμένων < θύω, "sacrifice."

τῶν τεθυμένων χοιριδίων: the phrase goes with τὰς γλώσσας. For χοιριδίων, see Ch. 48.

ἐκζεστάς...ὀπτάς...ἀρτυτάς: "boiled...roasted...spiced."

ἡτοίμασεν < ἑτοιμάζω, "make ready, prepare."

τακτῇ < τακτός, "arranged, prescribed."

ὀξύγαρον: fermented-fish sauce (γάρος) mixed with vinegar (ὄξος).

καὶ τὸ δεῖπνόν: "even your dinner."

μεστόν < μεστός, "full."

ἀφιλοπόνητον < ἀφιλοπόνητος, "not given devoted attention" (LSJ Suppl.).

ἐν ἀρχῇ: Conversation began and dominated philosophic parties (see, e.g., Plato's *Symposium*).

Chapter 52

ποτήρια < ποτήριον, "cup."

†πρὸς⸱†: The preposition does not make sense as it stands, and no editor has made satisfactory sense of the text.

ἀλοπέπερι: a mixture of salt (ἅλς) and pepper (πέπερι).

θείως: "divinely."

ἠκόνηται < ἀκονάω, "sharpen." Used metaphorically.

τὸ κρεῖττον: "the best (of all)." A comparative adj. preceded by a definite article can have the force of a superlative in koine.

τὸ γὰρ ἁλυκὸν τῷ δριμυτέρῳ συγκέκραται τῆς γλώσσης: "the saltiness is mingled (συγκέκραται < συγκεράννυμι) with the rather pungent flavor of the tongue."

ἁλυκόν < ἁλυκός, "salty."

δριμυτέρῳ < δριμύς, "pungent, acrid." Cf. δριμύτης (Ch. 28).

εὔστομον < εὔστομος, "palatable."

δάκνον, n. participle < δάκνω, "bite." Used metaphorically.

εἷς ἑνί = class. ἄλλος ἄλλῳ.

τὴν γλῶσσαν ἐπόνεσα τὰς γλώσσας τρώγων: "I've gotten a
  tongue-ache from eating the tongues."
ἐπόνεσα < πονέω, "work, labor"; + acc. = "be ill, have a pain/ache
  (with respect to a part of the body)."
ἕτερον < ἕτερος, here "different."
χολέρᾳ < χόλερα, "nausea, vomiting (and diarrhea)."
ἐκρούσθησαν < κρούω, "strike."
λοπάδα < λοπάς, "dish, bowl, pot." Here, "soup-bowl."
γλωσσόζωμον < γλωσσόζωμος, "tongue broth" (LSJ Suppl.).
ἐξέτεινον < ἐκτείνω, "stretch out, extend."
ἥδε ἡ καταστροφή: sc. ἐστι.

Chapter 53
κατάρατε < κατάρατος, "accursed," a common term of abuse.
εἴ τι χρήσιμον: see εἴ τι καλόν (Ch. 51).
χάριν σοι ἔχω: "I thank you."
ἡδύτερον = class. ἡδίων, "sweeter." Koine has regularized the
  irregular class. comparative (Host. 40).
συνέστηκεν < συνίστημι, "come into existence, exist" (this sense is
  found in the pf. and aor.).
δόσις: "giving."
λῆψις: "receiving."
ἀγορασμός: "buying."
ἀνορθοῦνται < ἀνορθόω, "set up again, restore."
δόγματα: "public decrees, ordinances."
ὁρίζονται < ὁρίζω, "ordain, determine, lay down."
νὴ τὰς Μούσας: "by the Muses." Cf. μὰ τὰς Μούσας (Ch. 8, 52)
  with the same significance.
ἥμαρτες < ἁμαρτάνω, "do wrong, be wrong."
διαρροίᾳ < διάρροια, "diarrhea."
ληφθέντες < λαμβάνω.
ἐδυσφόρουν < δυσφορέω, "be ill."

Chapter 54
φιλόλογοι < φιλόλογος, "student, scholar."
ἀχρεῖον < ἀχρεῖος, "useless."
πλήν: "but, only, however." πλήν is used to break off one subject and
  pass to another (Host. 111).
σήμερον = Attic τήμερον, "today."
ἀποδώσω < ἀποδίδωμι, "return, repay."

Life of Aesop 69

ἐνώπιον (+ gen.): "in the presence (of someone)."
διατάξομαι < διατάττομαι; see Ch. 51.
καὶ δή: "and so."
εἴ τι σαπρόν, εἴ τι χεῖρον: "something deformed, something pretty bad."
ταραχθείς < ταράσσω, see Ch. 28 (ἐταράχθης).
ἐσκεύασεν < σκευάζω, "prepare, make ready."
ἀνεκλίθη < ἀνακλίνομαι, "recline."
προπιεῖν < προπίνω, "drink an aperitif (πρόπομα)." Or possibly it refers to toasting the gods.
τεταριχευμένην < ταριχεύω, "preserve (by salting or pickling or smoking)." The subsequent mention of vinegar (ὄξος) implies pickling.
ἀποχλωριᾷ < ἀποχλωριάω = ἀποχλωριαίνω, "turn pale" (LSJ Suppl.), "turn pale suddenly" (Perry *Addenda* 30).
ἀπὸ τῆς χθεσινῆς διαρροίας = μετὰ τὴν χθεσινὴν διάρροιαν.
χθεσινῆς < χθεσινός = χθιζός, "of yesterday."
στόμαχον < στόμαχος, "stomach."
ἀνακτήσασθαι < ἀνακτάομαι, "recover."
πρὸς δύο: "two more."
ὑπόμωρος (ὑπο- "somewhat" + μωρός "stupid"): "flakey." Used substantively, "flake."
ἀσθένειαν < ἀσθένεια, "sickness."

Chapter 55
κατάπτυστε < κατάπτυστος; see Ch. 27.
εἴ...εὕρῃς = class. ἐὰν εὕρῃς. Protasis of a fut. more vivid condition.
ἐνεδρεῖαι < ἐνεδρεία = ἐνέδρα, "ambush, treachery."
ζηλοτυπίαι < ζηλοτυπία, "jealousy."
ἔρεις = class. ἔριδες < ἔρις (Host. 36), "strife, quarrel, discord."
μιαρωτάτης < μιαρός, "abominable."
συνανακειμένων < συνανάκειμαι, "recline (at table) together."
πρόσσχῃς < προσέχω. προσέχω (sc. τὸν νοῦν) (+ dat.), "pay attention (to someone)."
φιλολοίδορος...κακεντρεχής: "abusive...mischievous."
πολλῷ: "by much, by far." Dat. of degree of difference.
σχῆμα: "dignity, status."
ὑποκαίεις < ὑποκαίω, "kindle."
σπινθῆρσι < σπινθήρ, "spark." Used metaphorically, of course.

παροξύνεις < παροξύνω, "provoke." Notice Aesop's heightened diction.
κατά (+ gen.): "against (someone)."
ἰδιοπράγμονος < ἰδιοπράγμων, "minding one's own business."
περιέργου < περίεργος, "busybody." The theme of ἰδιοπράγμων vs. περίεργος sets up the episodes that now follow, involving the quest for a non-busybody.
ἀλλότριον: modifies πρᾶγμα (ἑαυτόν is the obj. of the inf.). < ἀλλότριος, "belonging to another."

Chapter 56
ἀφορμήν < ἀφορμή, "starting point, pretext."
μαστιγώσει: see Ch. 50 (μαστιγώσω).
ἀπόδειξον < ἀποδείκνυμι, "demonstrate, prove."
ὁ ἄνθρωπος: the aforementioned friend.
ἔστι μὲν οὖν καὶ πάνυ περίεργος: μὲν οὖν introduces a correction to a previous statement. "More than that, he is a busybody to the extreme."
τρώγων < τρώγω, "eat." In later Greek τρώγω replaces ἐσθίω as the pres. of ἔφαγον.
μνημονεύοντες < μνημονεύω (+ gen. or acc.), "remember, think of (something)."
ἀκυρώσω < ἀκυρόω; see Ch. 33.
τῇ ἑξῆς (sc. ἡμέρᾳ): "on the following day, tomorrow."
πορευθείς < πορεύομαι, "go, walk."
σιωπήσω < σιωπάω, "keep silent."
συγγνώμην δώσω: "I'll forgive."
δαρήσῃ, 2ⁿᵈ pers. sing. fut. pass. ind. < δέρω; see Ch. 50.
τύρχην < τύρχη, "stocks." A device for punishment, like the Roman *furca*.

Chapters 57-59
ῥηθέντα < ἐρρέθην = aor. pass. ind. < εἴρω, "speak, say."
τῇ ἐπαύριον: "tomorrow."
... The dots indicate a lacuna; text has been lost from manuscript G at this point. A comparison with manuscripts of the W tradition reveals that an episode is missing in which Aesop failed to locate a non-busybody and so received a beating. The text resumes in Ch. 59.
θεωρεῖ < θεωρέω, "view, observe."

τὸ...ἰδέσθαι: acc. of respect with ἄγροικον.
ἄγροικον < ἄγροικος, "rustic, countryman."
πολιτικόν < πολιτικός, "urbane." Cf. Ch. 2.
ἤθεσιν < ἤθη (pl. of ἦθος), "manners, habits."
ὀνάριον: dim. of ὄνος, "ass, donkey." Here perhaps not to be distinguished from ὄνος.
ὑπεσταλμένον < ὑποστέλλομαι (+ acc.), "act as if (something) is not there, ignore (something)."
ὄχλησιν < ὄχλησις, "disturbance."
στοχασάμενος < στοχάζομαι, "aim (at); calculate, guess."
συνηκολούθησεν < συνακολουθέω (+ dat.), "follow along closely,"
ἐπικαθήμενος < ἐπικάθομαι (+ dat.), "sit on (something)."
καθ᾽ ὄν (sc. καιρόν): "while." The class. equivalent is ἐν ᾧ.
φθάσωμεν < φθάνω; see Ch. 29.
πραθῇ: 3rd pers. sing. aor. pass. subj.; see Ch. 27 (πέπρανται).
ἀσσαρίων < ἀσσάριον (Greek dim. of Latin *as* or adaptation of Latin *assarius*), a kind of coin. Gen of price.
ι'β': "12."
κατάξεις < κατάγω, "bring home, gain."
χόρτον < χόρτος, "fodder."
τηρήσομεν < τηρέω, "guard, preserve."
εἰς δευτέρας τύχας: "for second fortunes," i.e., "for a rainy day" (?).
ἐπιδράμῃ < ἐπιτρέχω, "run over, assault, overrun."
αἰφνιδίως: adv. of αἰφνίδιος, "sudden."
ἀνεξόδους < ἀνέξοδος, "with no outlet." Here, "unable to travel."
κριθάς < κριθή, "barley." Usually plural.

Chapter 60

προεγγίσας < προσεγγίζω, "approach."
πατερίων = πατέριον, dim. of πατήρ, a polite form of address to a male stranger who is significantly older. In the same spirit the rustic addresses Aesop as τέκνον.
ἀντησπάσατο < ἀντασπάζομαι, "return a greeting."
ὅσου προέθετο, τοσούτου καὶ πωλεῖ: "He's selling it at the same price as he proposed."
ἀκούω...αὐτόν: "I've heard of him."
τοῦτο γὰρ ἐγώ σε ἐξήτησα: γάρ strengthens an interrogation, "Why, did I ask you this?"
διαφέρει: used impersonally, "makes a difference."

72 William Hansen

Chapter 61

καθεῖλεν < καθαιρέω, "put/take down."
τιμήν < τιμή, here "price" but later in the chapter "honor."
μεσίαυλον = μεσαύλιον, dim. of μέσαυλος = "courtyard" (Perry Addenda 38-39).
ἐπιμελείας < ἐπιμέλεια, "care, attention."
τεύξεται < τυγχάνω (+ gen.), "happen upon, obtain, get (something)."
ἐκ ποίας αἰτίας: see Ch. 25 (ποῖοι τόποι).
οὕτως σὺν τῷ πηλῷ ὡς ἦν καὶ τοῖς ὑποδήμασιν: "just as he was, with his dirt and sandals," or, by hendiadys, "with his dirty sandals." Dinner-guests removed their footware before eating.
ὁ Ξάνθος ἰδὼν ὅτι ἐπαγγέλλεται: Some words have probably dropped out before this sentence (Perry, app. crit.).
ἐπαγγέλλεται < ἐπαγγέλλομαι, "proclaim, promise, profess."
λεκάνην < λεκάνη, "pan."
προσένεγκε: 2nd aor. imperative < προσφέρω.
ὡς ὀφείλουσα: "as if being obliged."
νίψαι < νίζω, "wash (the hands or feet)."
ἀξίας < ἀξία, "rank, dignity."
οἰκοδέσποινα: "mistress of the household."
οὐ μὴ ἐάσηταί σε: For the construction οὐ μή + aor. subj. see Ch. 28.
ἐρεῖ < ἐρέω, Attic fut. of εἴρω, "say."
ἵνα μου νίψῃ τοὺς πόδας: A class. author would probably have used a consecutive relative clause, e.g., δοῦλος οὐκ ἔστιν, ὅστις μου νίψεται τοὺς πόδας; In koine clauses with ἵνα + subj. are much more common and varied in force than in class. Greek.
δαρήσεται < δέρω; see Ch. 11 (δέρων).
περιζωσαμένη < περιζώννυμαι, "gird oneself." She changes from the leisure attire of a free woman into the work attire of a servant.
λέντιον (< Latin *linteum*): "cloth, towel."
πλυθῆναι < πλύνω, "wash." This verb usually refers to washing clothes, not parts of the body.
ἐπιτετάχει < ἐπιτάσσω, "order." The syllabic augment is frequently omitted in the plupf. in late Greek (Host. 55).
περιβάλλω: pres. for fut. (Host. 77).
προτείνοντός: Class. Greek would employ προτείνων.
νίψομαι < νίζω/νίπτω. In form νίψομαι is fut. mid. and probably is used causatively here: "I'll have my feet washed"; the event is

Life of Aesop 73

summed up in the next sentence by the aor. mid. participle νιψάμενος. Hostetter (82) however takes νίψομαι and νιψάμενος as being mid. in form but pass. in sense.

ἀνεπάη: "he relaxed"; late aor. pass. < ἀναπαύω.

Chapter 62

εἶπεν (+ inf.): "order."
οἰνόμελι: "sweetened wine" (n. acc. sing.). Wine freshly mixed with honey was drunk as an aperitif.
διετάξατο < διατάττομαι; see Ch. 51.
ἐπέτρεψεν < ἐπιτρέπω, "permit."
εἰσήχθη < εἰσάγω.
λόπας: see Ch. 52.
ὁ Χάρυβδις: the voracious sea-monster described by Homer in *Odyssey* 12.
καταπίνειν < καταπίνω, "gulp down." Applied to food as well as drink.
γευσάμενος < γεύομαι, "taste." Xanthos's manners are implicitly contrasted with those of the rustic.
ἐκκαλέσασθαι < ἐκκαλέω, "call out, entice, provoke."
ὁ παῖς: instead of the voc. ὦ παῖ. An idiomatic usage (Smyth 1287).
μάγειρον < μάγειρος, "cook."
δραπέτα < δραπέτης, see Ch. 32.
τὰ ἐπιτήδεια: "provisions."
ἀρκετόν < ἀρκετός, "sufficient."
ἔλαιον = "olive oil."
γάρον < γάρος (Latin *garum*), a kind of cooking sauce made from fermented fish, commonly used to enhance flavor in Greek and Roman cuisines.
πέπερι: "pepper."
ἐκδύσατε < ἐκδύω, "take off, strip off"; addressed to the slaves.
δείρατε < δέρω; see Ch. 11.
ἤρτυται < ἀρτύω, "prepare."
οὐδὲν λείπει: "nothing's missing."
ταλαίπωρος: "miserable."
δοκῶ: "I think."
κωφός: "deaf."
νωδός: see Ch. 1.
οὐ...ὅλως: "not at all."
πλακοῦς: a kind of flat-cake sweetened with honey.

74   William Hansen

ἐζωγραφημένον...πλακοῦντα: "a painted cake," i.e., "(even) a *picture* of a flat-cake."
τετραγώνους ποιῶν ψωμοὺς ὡς πλίνθους: "making rectangular mouthfuls like bricks." The humor lies more in the size than in the shape of the pieces.

Chapter 63
ἀνέκραγεν < ἀνακράζω, "cry out."
πλακουντάριον < πλακουντάριος, "pastry-cook."
καλείτω: 3rd pers. imperative < καλέω.
κατάρατε < κατάρατος; see Ch. 53.
στρόβιλον < στρόβιλος, "pine-nut." Used here as a collective.
ἐπώξισεν < ἐποξίζω, "turn vinegary" (Shipp 103).
κῦρι: later short form of the voc. κύριε. The author also employs the uncontracted form (Host. 15).
ὠμός: "raw."
ἐγκάλει < ἐγκαλέω, "accuse."
εἰ...μέλι οὐκ ἔχει: = class. ἐὰν μέλι μὴ ἔχῃ (Host. 99).
ἐὰν ἔλθω= ἐπειδὰν ἔλθω.
προβάλω: The subj. is sometimes employed for the fut. in koine (Perry, app. crit.; Host. 78).
βαλανείου < βαλανεῖον, "bath." She refers of course to a public bathing establishment, not to a domestic bath.
βραδυνούσης < βραδύνω, "loiter, delay."
παρά (+ acc.): here, "on account of."
ἀμέλειαν < ἀμέλεια, "carelessness, negligence."
ἄρτι (+ fut.): "presently."
καύσω < καίω.
ὑποκρίνου (< ὑποκρίνομαι): "play your part." Xanthos quietly instructs his wife.
κληματίδας < κληματίς, dim. of κλῆμα = "vine-branch."
πυράν < πυρά, "pyre."
παρετηρεῖτο < παρατηρέω, "observe carefully."
ἀγανακτήσας < ἀγανακτέω, "be displeased/angry."
ἀναπηδήσει < ἀναπηδάω, "leap up, start up."
ἀφήσει < ἀφίημι, here, "permit, allow."

Chapter 64
οὐ προσεποιήσατο < οὐ προσποιέομαι, "pretend the contrary, act as if something were not so." Constructed like οὔ φημι.

Life of Aesop 75

προέπινεν < προπίνω (+ dat.), "drink (to someone), toast (someone)." Cf. Ch. 54 (προπιεῖν).
κέκρικας < κρίνω, "decide, determine."
ἀλλά: "at least." The usual meaning of ἀλλά introducing an apodosis (Smyth 2782).
μικρόν: sc. χρονόν.
εὔψυχον < εὔψυχος; the usual significance is "courageous," but here τὸ εὔψυχον must mean "calmness, coolness."
ἀρκεῖ: "enough!"
λῆξον < λήγω, "leave off, cease."
τὸ λοιπόν: "hereafter."

Chapter 65
εἰς τὸ βαλανεῖον = class. ἐν τῷ βαλανείῳ.
ὑπηντήθη < ὑπαντάομαι (+ dat.), "encounter (someone)."
τῷ στρατηγῷ < στρατηγός, here, "civic magistrate."
ὑπάγεις: see Ch. 49.
ἀπαγάγαι = class. ἀπαγαγεῖν < ἀπάγω, "lead away." Mixed aor. There is no difference in meaning between the 1st and 2nd aor. infinitives (Host. 45; Shipp 103).
ἐν τῇ φυλακῇ = class. εἰς τὴν φυλακήν.
καταπλαγείς < καταπλήσσω, "amaze."

Chapter 66
λουομένων < λούω, "wash, bathe." Cf. πλύνω and νίζω (Ch. 61).
ἀμελῶς: "from negligence."
τὸν καθ' ἕνα = ἕκαστον.
προσκόπτοντα < προσκόπτω, "strike against, stumble."
καταρώμενον < καταράομαι, "call down curses upon, curse."
τεθεικότα: pf. act. participle < τίθημι.
μετατιθέντα: pres. act. participle < μετατίθημι, "move (something)."
μεταθείς: aor. act. participle.
εὐρυχώρως: "with plenty of room" (Perry *Addenda* 32).
ἆρον: aor. imperative < αἴρω, "pick up."
ἐπὶ πᾶσι τούτοις: "in addition to all these persons."
εἰς τό...παθεῖν: articular inf. expressing purpose.
ἐκεῖνον δοκιμάσας...ἄνθρωπον εἶναι: "having deemed him (alone) fit to be (called) an ἄνθρωπος ("real person, mensch")."
ἐδήλωσα < δηλόω, "disclose, explain."

οὐδὲν παρὰ Αἰσώπου ἀργὸν πρὸς ἀπολογίαν ὧν ἁμαρτάνει: "There is no laziness on Aesop's part when it comes to a defense of his mistakes."

Chapter 67

προκόπτοντος < προκόπτω, "cut away in front, advance."
ἐνύσσετο < νύσσω, "spur, nudge."
κυλίδιον = κοιλίδιον, dim. of κοιλία, "belly, bowels." Responding to a call of nature (τῶν φυσικῶν καλούντων).
ἀποχώρησιν < ἀποχώρησις, "withdrawl, retreat"; also "evacuation, bowel movement."
παρεστήκει: "stood beside." Unaugmented plupf. referring simply to the past. The pf. and plupf. of ἵστημι and its compounds are intransitive.
λέντιον, see Ch. 61.
ξέστην < ξέστης (< Latin *sextarius*), "pitcher, cup."
χέζωμεν < χέζω, "defecate, shit."
πυκνά: "often."
τὸ ἀφόδευμα ἑαυτῶν = class. τὸ ἡμῶν αὐτῶν ἀφόδευμα. Cf. Ch. 31 (καθ᾽ ἑαυτήν).
ἀφόδευμα: "excrement, shit."
σπατάλην < σπατάλη, "excessive indulgence."
τρυφήν < τρυφή, "luxuriousness, daintiness."
ἐπὶ τοσοῦτον δὲ χρόνον: "and (sc. he did so) for so long a time."
ἄχρις οὗ: "until." Cf. μέχρις οὗ (Ch. 29).
ἐπιλαθόμενος: "unbeknownst to himself, unwittingly(!)." Cf. Ch. 50.
ὑποκύπτουσιν < ὑποκύπτω, "stoop/bow down."
ἀγωνία: 2nd pers. sing. pres. act. imperative < ἀγωνιάω, "be distressed."
οὐ μή...χέσῃς: see Ch. 28 for οὐ μή + aor. subj.

Chapter 68

εἰσβαλών < εἰσβάλλω, "enter."
ἀνέπεσεν < ἀναπίπτω, "recline." Cf. συνανάκειμαι (Ch. 55).
διππεύοντος < διππεύω, literally, "ride through," but used here metaphorically of an event, "proceed."
παρεμβρόχου < παρέμβροχος, "slightly tipsy" (Perry *Addenda* 34, LSJ Suppl.).
ὡς ἐν ἀνδράσι φιλοσόφοις: "as (happens) among philosophical men."

Life of Aesop 77

προθέσεως < πρόθεσις, "laying forth"; here, "posing" (problems)."
συζητεῖν < συζητέω, "join the inquiry/discussion."
ἀκροατηρίῳ < ἀκροατήριον; see Ch. 31.
ἐπιγνούς < ἐπιγι(γ)νώσκω, "recognize."
κεράσας < κεράννυμι, "mix."
ὑπέδειξεν < ὑποδείκνυμι, "show, indicate."
χρᾶσθαι < χράομαι (+ dat.), "use, make use of, manage (something)."
εὐφροσύνης < εὐφροσύνη, "good cheer, merriment."
ἀκηδίας < ἀκηδία = ἀκήδεια, "carelessness."
παραχώρει < παραχωρέω, "yield, concede."
ἀπόδειξιν < ἀπόδειξις, "exposition, demonstration."
μεθύων < μεθύω, "be drunk."
οὐ σιωπᾷς: "won't you shut up?" Virtual imperative.
μάνδραξ: term of abuse of uncertain significance, perhaps "stable boy" (Perry *Addenda* 34, Shipp 103).
σύμβουλος: "adviser, counselor."
ἐκδέχου, pres. imperative < ἐκδέχομαι, "wait."
εἰς Ἅιδου: sc. δόμους.
ἀπελεύσῃ: 2nd pers. fut. < ἀπέρχομαι, "go away, depart."

Chapter 69
ἐπιφερόμενον < ἐπιφέρομαι, "be borne onwards." The participle is in indirect discourse after ἰδών.
ὡς: introduces an exclamation.
πανοῦργον < πανοῦργος (etymologically "all-doer"), "clever, smart."
ζῷον: "animal."
δραμὼν εἰς τὰ ἀπόρρητα: apparently, "with a dash into forbidden territory."
λέγει εἰ: "asks if..."
ἐκπιεῖν < ἐκπίνω, "drink dry, drain." ἐκπίομαι below is fut.
εὔκολον < εὔκολος, "easy."
προνενικημένος < προνικάω, "gain a victory beforehand."
ἀκράτου < ἄκρατος (sc. οἶνος), "unmixed wine." Xanthos is intemperate in drinking many cups of wine and also in drinking it neat.
βίου: here "property."
συνθήκας < συνθήκη, "agreement."

προβαλόντες < προβάλλω (+ acc.), "place (something) before oneself." The student and the professor each put down a ring as surety for their bet.
ἐκύρωσαν < κυρόω, "validate." Cf. ἀκυρόω (Ch. 33, 56).
ἑστηκώς (< ἵστημι): "standing." Intrans. participle with pres. significance. ἑστηκώς (1ˢᵗ pf.) and ἑστώς (2ⁿᵈ pf.) are used interchangeably with no difference in meaning.
κόνδυλον < κόνδυλος, "knuckle."
στράγαλον < στράγαλος = ἀστράγαλος, "neck-vertebra." Aesop discreetly raps his master on the neck.
κάθαρμα: see Ch. 30.
ποταπήν < ποταπός, see Ch. 24 (ποταπός).

Chapter 70
πρωίας < πρωία, "early morning."
ἀπονίψασθαι < ἀπονίζω. See νίζω (Ch. 61).
ἐπίδος < ἐπιδίδωμι.
ξέστην < ξέστης; see Ch. 67.
ἐπέχεεν < ἐπιχέω, "pour over."
τοιγαροῦν: "for that very reason."
ἀπόθου, aor. imperative < ἀποτίθημι, "put/stow away."
εἰς δευτέρας τύχας: see Ch. 59.
τέθεικας: perf. used in aor. sense (Host. 82).
δακτυλίδιον: in form a dim. of δακτύλιος ("ring") but perhaps without any dim. force.
ἑστώς: see comment on ἑστηκώς (Ch. 69).
ἀγχινοίας < ἀγχίνοια, "ready wit, shrewdness."
πρόφασιν < πρόφασις; see Ch. 9.

Chapter 71
συνθηκοφύλαξ: "guarantor of a covenant," in this case, of a wager.
ἀντιδίκῳ < ἀντίδικος, "opponent, adversary."
ἀπαρνοῦ: pres. imperative < ἀπαρνέομαι, "deny, refuse."
παροινῶν < παροινέω, "behave drunkenly."
ἔθου < ἐθέμην, 2ⁿᵈ aor. mid. < τίθημι.
νήφων < νήφω, "be sober."
ἆρον: 2ⁿᵈ aor. imperative < αἴρω; see Ch. 44.
τράπεζαν < τράπεζα, "table."
παιδία < παιδίον, "slave."
τινὰ φαντασίαν: "a certain visual impression."

Life of Aesop 79

συνδραμεῖται < συντρέχω, "rush together."
θέαν < θέα, "sight."
ὡς: introduces the motive of ὁ ὄχλος for gathering.
πάντα πεπλήρωνται τοῦ ὄχλου: "everything is filled with the crowd," that is, "the place is filled with people." More often, a n. pl. subject takes a sing. verb.
πλήσας < πίμπλημι, "fill."
ἵνα τὴν θάλασσαν ἐκπίῃς= class. τὴν θάλασσαν ἐκπιεῖν.
μή τι ἕτερον;: a question introduced by μή anticipates a negative reply, "Nothing else, right?"
τοῦτο μαρτυρούμενος (< μαρτυρέω = "bear witness"): "being witnessed in this matter."
χείμαρροί < χείμαρρος, "winter-flowing."
ἀένναοι < ἀένναος, "ever-flowing."
πρός: adverb, "in addition."
κλεισάτω < κλείω, "close, shut."
καθόλου: "in general, on the whole."
τὸ ἀδύνατον τῷ ἀδυνάτῳ συμβληθέν: "impossibility brought together with impossibility."

Chapter 72
ἐκπλαγείς < ἐκπλήσσω, "amaze, astound."
τὸ εὐεπινόητον: "sharpness of mind"; acc. of respect with ἐκπλαγείς.
πρωτευόντων: "chief men."
πυλῶνος < πυλών, "gateway." The eager crowd comes to Xanthos's house.
ἐκβίβασον: "carry out"; aor. imper.
τοῦ σοῦ βίου...λόγους: "an account of your own property."
ἡμίκενός: "half-empty."
φλυάρει < φλυαρέω, "talk nonsense."
στρωννύεσθαι < στρώννυμι = στόρνυμι, "spread (clothes on a bed or couch)."
ἐκπόματα < ἐκπόμα = ἐκπῶμα, "drinking-cup."
κατῆλθεν ὁ Ξάνθος: a person traveling on land *goes down* to the seashore.
ἀνέπεσεν < ἀναπίπτω; see Ch. 68
παρειστήκει, intrans. plupf. < παρίστημι, "stood beside."
προσομολογῶ < προσομολογέω, "agree with."

Chapter 73

πόμα = πῶμα, "drink; drinking-cup."
οἴδατε = class. ἴστε (Host. 52). Similarly οἶδας (Ch. 11).
παρακαλῶ: "call to aid, exhort, ask."
συλλυθῆναι < συλλύω, "settle, put an end to."

Chapter 74

τοῦτο γὰρ κἀγὼ οὐκ ἐνενόουν;: "haven't I also considered this?" That is, "I've given it all the consideration that I intend to give it."
ἀχαριστηθῆναι < ἀχαριστέω, "show ingratitude." Pass.: "be treated ungratefully."
ἀνείχετο < ἀνέχομαι, "endure, bear patiently."
τὴν ἐμὴν σωτηρίαν... Ch. 74 breaks off in mid-sentence. Ch. 75-76, which have mostly dropped out of Vita G, are supplied here from Vita W.

Chapters 75-76 (Vita W) Aesop and Xanthos's Wife Make a Bargain

Chapter 75

μονωθείς< μονόω, "make single." Pass.: "be left alone, be alone."
ἐκδυσάμενος < ἐκδύω, "strip off." Mid.: "undress oneself."
κροτῶν < κροτέω, "knock, strike." κροτέω τὰς χεῖρας: "clap."
τινάσσων: see Ch. 6 (τιναχθέντα).
τὸ ποιμενικὸν καὶ ἄτακτον σχῆμα: "the Shepherd Pose and the Irregular Pose" (or possibly "the Irregular Shepherd-Pose"). Aesop practices χειρονομία, a kind of gymnastic exercise consisting of different movements and poses. Translators and interpreters, misled by the bawdiness of the episode, generally misinterpret his actions as masturbation.
αἴφνης: "suddenly."
καταλαβοῦσα < καταλαμβάνω, "come upon." Since she appears suddenly from the house, he must be in the courtyard.
εὐεργετοῦμαι < εὐεργετέω, "benefit, be a benefactor." Mid.: "do oneself a kindness, take care of oneself."
θεασαμένη < θεάομαι, "observe."
πάχος: "thickness."
αἰδοῦς < αἰδώς = τὰ αἰδοῖα, "genitals," in this case, the penis.

Life of Aesop 81

ἑάλω < Attic 2nd aor. < ἁλίσκομαι, "be taken, captured." Used metaphorically.
ἐπιλαθομένη: see Ch. 50.
ἐτρώθη < τιτρώσκω, "wound." Used metaphorically.
κατ' ἰδίαν: "privately."
ἀρεστά < ἀρεστός, "pleasing."
ἀντιπίπτων < ἀντιπίπτω, "resist."
ἔσῃ εὐφραινόμενος: "you will enjoy yourself." Periphrastic fut.
ἐπάξιον < ἐπάξιος, "deserving, deserved."
λυγρόν < λυγρός, "baneful, miserable." Here used substantively.
ἀνταμείψει: LSJ lists only the deponent form ἀνταμείβομαι ("give in return"), but the active form ἀνταμείβω is found in Modern Greek.
δεκάκις: "ten times."
συνέλθῃς < συνέρχομαι, "have sex together."
στολήν < στολή, "garment." στολή ἱματίων = "cloak."
χαρίσομαι < χαρίζομαι; see Ch. 5.
ὄμοσον < ὄμνυμι, "swear."
καπριῶσα < καπριάω = καπράω. Etymologically the verb refers to a sow's sexual desire for a boar; here it is employed of the sexual urgency felt by Xanthos's wife for Aesop.
ἀνταμύνασθαι < ἀνταμύνομαι, "requite."
ἐπετέλει < ἐπιτελέω, "complete, finish."
πάθος: "experience."
πεῖραν λαβοῦσα < πεῖραν λαμβάνω, "make a trial of."
κοπιάσας < κοπιάω, "work hard, toil; be tired (from exertion)."
μηρόν < μηρός, "thigh."
ἐγκαλῶ < ἐγκαλέω, "accuse"; here with κατά + gen, "make an accusation against." He threatens, not to reveal her seduction but to accuse her to her husband for reneging on her promise.
ἀγρόν < ἀγρός, "field."
ὑπερβάς < ὑπερβαίνω, "cross, go beyond."
μεσότοιχον: "boundary-wall."
ἀπόδος < ἀποδίδωμι, "pay what is due."

Chapter 76

κριθῆναι < κρίνω, "judge/decide (a matter)"; με is the subject. The indir. disc. begins with an acc. and inf. construction after φησι but immediately becomes direct.
ἐπὶ σοί: "in your power," i.e., "by you."

κοκκυμηλέαν < κοκκυμηλέα, "plum-tree."
κατάκαρπον < κατάκαρπος, "fruitful."
κλάδον < κλάδος, "branch."
εὐστόχως: "with good aim."
ἔλαχεν: "got as its lot," i.e., "happened." < λαγχάνω.
ὁμολογῶ (sc. αὐτὸν) εἰληφέναι: ὁμολογῶ < ὁμολογέω, "acknowledge."
εἰληφέναι: pf. act. inf. < λαμβάνω, "take, get."
ἐκτιναξάτω: 3rd pers. sing. act. imperative < ἐκτινάσσω, "shake out."
καρπός "wrist." The metaphoric discourse continues.
εὐτονεῖ < εὐτονέω, "be vigorous."
ἕως: here preposition + gen., "until."
νωχλεύω = νωχλεύομαι, "be slothful" (LSJ Suppl.).
ἐνέγκωμεν < φέρω.

Chapters 78-100 Aesop Rises in the World

Chapter 78
προάστιον: "suburb."
ὁμιλίᾳ < ὁμιλία, "company."
ἐγένετο ἐπί < γί(γ)νομαι ἐπί (+ dat. or acc.), "arrive at (a place)."
μνήματα < μνῆμα, "monument," here "gravestone" in particular.
ἀναγινώσκων < ἀναγι(γ)νώσκω, "read."
ἐγκεχαραγμένα < ἐγχαράσσω, "engrave."
στοιχεῖα < στοιχεῖον, "letter (of the alphabet)." The letters are "discordant" (ἀσύμφωνα) because they do not harmonize in such a way as to form a recognizable word.
τοῦ δὲ Ξάνθου ζητοῦντος...δεινῶς ἔπασχεν: loosely constructed gen. absolute, whose subject is also subject of the main clause.
ὑπογραφή: "outline, plan," i.e., the general idea of the inscription.
τί δηλοῖ: "what it means."
ἠθύμει < ἀθυμέω, "be disheartened/dispondent."
ἐννοεῖ < ἐννοέω, referring to words, "mean."
στρεβλούμενον < στρεβλόομαι, "squint." Xanthos strains to come up with a solution.
μεταλαβών < μεταλαμβάνω (+ gen.), "get a share/partake (of something)."
χάριτος < χάρις, "favor." θεῖα χάρις = "divine gift."
ἡμίσειαν < ἥμισυς, "half"; sc. μοῖραν.

Life of Aesop   83

Chapter 79
ἄρας: see Ch. 44.
ὄστρακον: "potsherd."
γενναῖον < γενναῖος, "good," here perhaps "suitable."
ἀναποδίσας < ἀναποδίζω, "step back."
ὀρύξας < ὀρύσσω, "dig."
ἐπαγγελίαν < ἐπαγγελία, "promise."
εὑρέματος < εὕρεμα = εὕρημα, "discovery."
καταθέμενος < κατατίθημι, "lay down, deposit, bury."
ἐτήρησεν < τηρέω, "watch over, guard, preserve."
λέξεων < λέξις, "word."
ἐχάραξεν < χαράσσω, "engrave."
δραστήριος: "efficacious."
τεύξῃ: 2nd pers. fut. < τυγχάνω (+ gen. or acc.), "obtain (something)."
στερεῖται < στερέω (+ gen.), "deprive (of something)."
αὐτόθεν: "at once."
ἐπέγνως < ἐπιγι(γ)νώσκω, "recognize, decide."

Chapter 80
αὐτὸν ὅτι: see Ch. 31 αὐτὸν...δείξω.
δυσίν = class. δυοῖν, dat. of δύο.
ἀνέλεσθε < ἀναιρέομαι, "pick up."
διέλεσθαι < διαιρέω, "divide among oneselves."
εὕρατε = class. εὕρετε. Mixed aor.
ἀπολάβῃς < ἀπολαμβάνω, "take back, recover, get what is due."
ποθέν: enclitic adverb, "from some place or other."
δεθέντα < δέω, "bind."
συγκλεισθῆναι < συγκλείω, "shut in, lock up."
ἵνα...ἀπαίτησιν γίνῃ: "in order that, with the rights of free status [= of a free man], you may be in a stronger position for demanding the gold back."
οὐ μὴ πείσῃς: For οὐ μή + subj., see Ch. 28.
προαιρέσει < προαίρεσις, "choosing."
ἐξουθενηθείς < ἐξουθενέω, "regard as valueless, treat with contempt."

Chapter 81
ἀρχαιρεσίου < ἀρχαιρέσιον, "electoral assembly."
νομοφύλαξ: "guardian of the laws."

εἰσενέγκας: see Ch. 28.
δημόσιον δακτύλιον: "public signet-ring," for impressing a seal on official documents.
χειροτονήσατε < χειροτονέω, "vote for, elect."
ὃς φυλάξειεν: relative clause of purpose with the opt. rather than the fut. (one of few optatives in the work).
τὸν χρηματιστὴν...δακτύλιον: perhaps, "signet-ring for financial transactions"; here masc. rather than the more usual n..
ἐγχειρίσωσιν < ἐγχειρίζω (+ acc. + dat.), "entrust (something to someone)"; deliberative subj.
καταπτάς: 2nd aor. act. participle < καταπέτομαι, "fly down."
ἐξέπτη: 3rd sing. aor. < ἐκπέτομαι.
οὐκ εἰς ὀλίγην συμφορὰν ἀπετράπησαν: "turned (sc. away from the matter at hand) to this no slight misfortune."
μάντεις...ἱερεῖς: acc.
διαλύσωνται < διαλύομαι, "solve (a difficulty)."
τούτοις μέλλομεν προσέχειν (sc. τὸν νοῦν): "we're wasting our time paying attention to these men."
ἀπαρχαῖς < ἀπαρχή, "initial offering (in a sacrifice), first-fruit."
εὐσχημόνως: "with an outward show of grace/respectibilty."
διακυβεύουσιν τὸν βίον: "gamble their belongings"; < διακυβεύω, "play at dice."
ἀγνοεῖτε < ἀγνοέω, "be ignorant, not know."
εὔκολον: see Ch. 69.
ἐπιλύσασθαι = διαλύσασθαι.
ἔμπρακτος παιδείας: "person of practical learning."
καταδιαιρεῖται < καταδιαιρέομαι, "analyze."
δεηθῶμεν < δέομαι (+ gen.), "beg/ask (of someone)." Hortatory subj.
ἐπεφώνουν < ἐπιφωνέω, "call out."

Chapter 82

ἔστη: see Ch. 30.
διορίαν < διορία = διωρία, "interval of time."
κόλπον < κόλπος, "lap."
ἠρώτων < ἐρωτάω: see Ch. 33.
διαγνῶναι < διαγι(γ)νώσκω, "diagnose, make a judgment."
ὑποσχόμενος < ὑπισχνέομαι, "promise."
σκυθρωπός: "looking sullen/dejected."

Chapter 83

χάριν ἔχειν (+ objective gen.): "to have goodwill (towards someone)," here "to be nice (to someone)."
ὥστε...λαβεῖν: purpose clause; in class. it would be a natural result.
ἰδίας μου χρείας ἕνεκα: because of (sc. your) need for me." But the correct reading may be, as Papathomopoulos conjectures, ἰδίας σου χρείας ἕνεκα = "because of your own need."
λῆξον < λήγω (+ gen.), "cease (from something)."

Chapter 84

τῇ...ἑξῆς: see Ch. 56.
λυπῆσαι: Aesop's decision to cause Xanthos pain right after having promised to help him, emerges without any real motivation. Its immediate narrative function is to motivate Xanthos' suicide attempt.
περὶ λογικοῦ ζητήματος: "about a logical problem," that is, a problem having to do with reasoning.
ἑτοίμως ἔχω = ἑτοῖμός εἰμι.
ἀμήχανον < ἀμήχανος, "impossible, hopeless."
ἀφελπίσας = class. ἀπελπίσας < ἀπελπίζω, "despair." An instance of "vulgar aspiration" (Host. 28).
ἐλογίσατο < λογίζομαι, "calculate," here "resolve" (Soph.).
διαχειρίσασθαι < διαχειρίζομαι, "lay hands on, slay."
πεπλήρωται < πληρόω, "make full"; of time, "complete, fulfill."
σχοινίου < σχοινίον, "little rope."
εὐπορήσας < εὐπορέω (+ gen.): "abound in"; here, "get hold of (something)."

Chapter 85

ἄωρον < ἄωρος, "untimely."
ἤμελλεν: class. ἔμελλεν. Pseudo-temporal augment (Host. 59).
μνησικακήσας < μνησκακέω, "bear a grudge."
βρόχον < βρόχος, "noose."
κάμψαντα < κάμπτω, "bend."
ἐπίμεινον: "wait!"
κατελήφθην: aor. pass. ind. < καταλαμβάνω; see Ch. 75.
μετεκαλέσω: aor. < μετακαλέω, "call back/away."
φρύαγμα: "pride." Usually = "insolence."
ἐγκρατείας < ἐγκράτεια, "self-control."
δόγμα: "doctrine" (Soph.).

ἔα: exclamatory, "hah, oh!"
εὐχερῶς: "easily, readily."
ἀψύχως: "faintheartedly."
ἵνα...ἀπολέσῃς: see Ch.11 (ἵνα ἀποκτείνω).
κρεμάμενος < κρεμάω, "hang, hang up."
μετανόησον < μετανοέω, "change one's mind."
ἔα με: imperative < ἐάω.
διάξω... (sc. μᾶλλον) ἢ...κτήσομαι. διάγω τὸν θάνατον = "spend my death"; cf. the common idiom διάγω (τὸν βίον) "pass/spend my life."
ἐπονείδιστον < ἐπονείδιστος, "disgraceful, shameful."
ἀκλεῶς: "ingloriously."
ἀπάγαγε < ἀπάγω, "lead." Cf. Ch. 65.
πλάσσου < πλάσσομαι, "fabricate."
εὔλογον πρόφασιν: "plausible excuse."
τὸ κόσμιον τῆς φιλοσοφίας: "the decorum of philosophy."
εὐκαίρως: "opportunely."
προσκληθήσομαι < προσκαλέω, "call on, summon."

Chapter 86
In this chapter, omitted here because of textual difficulties, Xanthos presents his slave Aesop to the Samians, saying that he will interpret the sign for them.

Chapter 87
ἀχθήτω: 3rd pers. pass. imperative < ἄγω.
ἀμυκτηρίστως: "without flinching" (Perry *Addenda* 30), "without disparagement" (LSJ Suppl.).

Chapter 88
ἀτενίσαντες < ἀτενίζω, "look intently."
τὸ τέρας τῆς ὄψεως αὐτοῦ: "the monstrosity of his looks!" The Samians play on τέρας, which can mean "sign, portent" or "monster, monstrosity" (see Ch. 30).
βάτραχος...ὗς: "frog...boar, hog."
τροχάζων < τροχάζω, "run along quickly," like a wheel (τρόχος).
στάμνος κήλην ἔχων: "a jar with a tumor," presumably referring to his pot-belly, though the point of these insults is sometimes obscure.

πιθήκων πριμιπιλάριος: "captain of the apes" (Perry *Addenda* 35) < Latin *primipilaris*, "senior centurion" (LSJ Suppl.).
λαγυνίσκος εἰκαζόμενος: "image of a little bottle"; < εἰκάζω, "represent by an image, portray."
μαγείρου σκευοθήκη: "cook's storage chest."
κύων ἐν γυργάθῳ: "dog in a wicker-basket," with its head sticking out.
ἄτοπον < ἄτοπος, "strange, unnatural, wrong."
ψέγειν < ψέγω, "blame, find fault with."
τὸ διάπλασμα τοῦ τύπου: perhaps, "the moulding of his form."
ἐλαττούμενον < ἐλαττόομαι, "be smaller"; sc. than his own.
ἀφήλπισεν: see Ch. 84 (ἀφελπίσας). Aesop relates the analogue in the past like a tale rather than in the present, as we would ("Does a doctor…?")
ἀφήν < ἀφή, "touch," here probably "pulse."
ψηλαφήσας < ψηλαφάω, "feel, touch."
πίθον < πίθος, a kind of large jar (used for storing wine, etc.).
γεῦμα: "taste."
κομψός: "elegant."
παρρησίας…καιρόν: "opportunity to speak freely."

Chapter 89
εὔλογον: see Ch. 85.
ὅθεν: "wherefore."
περίθετε: imper. < περιτίθημι, "bestow, confer."
τὴν εἰρημένην παρρησίαν: "the so-called 'right of free speech'."
ἐπιτύχω < ἐπιτύγχανω, "hit the mark, succeed."
ἀδείας: "freedom from fear."

Chapter 90
ἀξιοῦμεν < ἀξιόω, "request" (Soph.).
πρύτανις: "president."
οὐκ ἐλευθερῶ: pres. used in place of fut. (Host. 77).
παντελῶς πολὺν χρόνον: "for a very long time."
δεδουλευκότα < δουλεύω, "be a slave, serve."
αὐτοῦ τὴν τιμήν: "his price," that is, "the price paid for him."
ἀπελεύθερον < ἀπελεύθερος, "freedman."
ἐνθυμηθείς < ἐνθυμέομαι, "consider."
ο'ε': see Ch. 27.
δηναρίων: gen. of price.

φιλαργυρίαν < φιλαργυρία, "greed."
στήσας: 1st aor. act. participle < ἵστημι, "make/cause to stand."
ἀφίησιν: Xanthos speaks of himself in the 3rd pers.

Chapter 91
ἑαυτοῖς = class. ὑμῖν αὐτοῖς: "you yourselves." Cf. ἑαυτοῦ (Ch. 28).
πολιορκίας < πολιορκία, "siege."
δουλαγωγόν < δουλαγωγός, "enslaving."
τεκμήριον: "sign, indication, proof."
εἰδέναι < οἶδα, "know."
καταπτάς: see Ch. 81.
ἀπὸ τῶν νόμων: "from (sc. the book) of the laws." The book was mentioned in Ch. 81.
στρατηγικόν < στρατηγικός, "pertaining to the chief magistrate of the city." Cf. Ch. 65.
πίστιν < πίστις, "pledge, guarantee, assurance."
ἄπιστον < ἄπιστος, "untrustworthy."
ἀκυρῶσαι: see Ch. 33.
ἐπισφραγίσαι < ἐπισφραγίζω (+ dat.), "put the seal on, confirm (something)."

Chapter 92
γραμματηφόρος: "letter-carrier."
χλανίδι < κλανίς, "shawl."
ἀκρολεύκῳ < ἀκρόλευκος, "very white" (Perry *Addenda* 30), "white-edged" (LSJ Suppl.).
Κροῖσος…χαίρειν: sc. κελεύει.
πράξεις < πρᾶξις, here "exaction" (of taxes or money).
τέλος χορηγεῖν: "pay tax." χορηγεῖν < χορηγέω, "furnish, supply."

Chapter 93
ὑποσχέσθαι: see Ch. 82 (ὑποσχόμενος).
ἐπισπάσωνται < ἐπισπάομαι (+ acc.): "draw (someone/something) to or against."
ἐκβάσεως < ἔκβασις: "issue; fulfillment (of a divination)."
συμβουλίαν < συμβουλία, "advice."
πέμψουσιν…ἀρνήσονται: fut. indicatives where in class. prose deliberative subjunctives would be expected.
ἀνεκραύγασαν < ἀνακραυγάζω, "cry aloud."

λόγῳ < λόγος, here "tale." Beginning the transition from clever slave to renowned sage, Aesop recounts his first "Aesopic fable."

Chapter 94
Διός < Ζεύς.
ὑπέδειξεν < ὑποδείκνυμι, "show."
δυσέκβατον < δυσέκβατος, "hard to exit."
ἀπόκρημνον < ἀπόκρημνος, "sheer, precipitous."
τριβόλων < τρίβολος, "thistle."
γέμουσαν < γέμω (+ gen. or dat.), "be full (of something), be filled (with something)."
ὁμαλόν < ὁμαλός, "even, level."
περιπάτους < περίπατος, "walkway," especially a covered walkway.
ἄλσεσιν < ἄλσος, "grove."
καρπῶν < καρπός, "fruit."
τὸ τῆς κακοπαθείας...ἔχουσαν: either "in order that the (thing of) suffering come to a rest having an end" or "in order that it (sc. the road) come to a rest with ("having") the end of suffering." The text is probably unsound.
ἀνάπαυσιν: see Ch. 6.
εὐανθῆ < εὐανθής, "flowery."
πρόσοψιν < πρόσοψις, "appearance."
τρυφήν < τρυφή; see Ch. 67.
κρημνῶδες < κρημνώδης, "precipitous."

Chapter 95
συμφέρον: "profit, advantage."
ὁμοθυμαδόν: "with one accord, all together."
διεσάφησεν < διασαφέω, "make clear, explain."
παρεθάρρυναν < παραθαρρύνω, Attic form of παραθαρσύνω, "encourage."
ἄγωμεν: hortatory subj., the first in a series of four. "let's go."
χειρωσώμεθα < χειρόομαι, "conquer, subdue."
ἑλκύσωμεν < ἑλκύω, "drag."
εἰς ὑπόδειγμα: "for/as an example."
μὴ ἑτέρῳ φανείη: "in order that it not appear to another, in order that another not decide"; optative (rather than subj.) in a purpose clause in primary sequence (Host. 88).
τηλικούτῳ < τηλικοῦτος, "so great."

90   William Hansen

τὸ ἁγνὸν διάδημα: acc. of the thing sworn by.
καθοπλίζει: 2nd pers. sing. fut. mid. < καθοπλίζω, "equip."
παραλαβεῖν < παραλαμβάνω, here, "capture" (Soph.).
τοῦ λεγομένου Αἰσώπου: "the said Aesop"; either "the aforementioned Aesop" or "the man called Aesop."
ἐξαίτησον < ἐξαιτέω (+ acc.), "ask for, demand (someone)."
ἔκδοτον < ἔκδοτος, "given up, surrendered."
ἐάν...θέλετε: For mood see Ch. 47 (ἐάν...ἀπαιτοῦσιν).
παράσχω < παρέχω, "provide." Aor. subj. for fut. ind. The similarity of the aor. subj. and the fut. ind. in some verbs led to their being confused in koine and more generally to the occasional use of the aor. subj. for the fut. (Host. 78-79).

Chapter 96
πορευθῆναι < πορεύομαι, "go."
μᾶλλον εὐνοϊκώτερον καὶ συνετώτερον: "more well-disposed and intelligent"; double-comparative construction (Host. 60).
ὑπερθέμενος < ὑπερτίθημι, "set higher" (in importance).
ἐκπέσαι < ἐκπίπτω (+ gen.), "fall out (of something), be deprived (of something)."
τοσοῦτον: "so much (only, and no more)." The Samians accede to the king's request, but they grant him only this much.
εὐκταῖον < εὐκταῖος (< εὔχομαι = "pray"), "prayed for."
χαράξητε < χαράσσω, see Ch. 79 (ἐχάραξεν).

Chapter 97
καθ' ὅν... ἀνθρώποις: "at the time when animals spoke the same language as humans." Conventional formula for introducing an animal fable.
ἐσχηκέναι < ἔχω.
ὑπερέχοντες < ὑπερέχω, "prevail, be more powerful."
ἔσκυλλον < σκύλλω, "mangle."
διωχθέντες < διώκω.
ἕνα πρεσβευτήν: "an ambassador" (not "one ambassador"). Occasionally εἷς is employed as an indefinite article.
στάς: intrans. 2nd aor. participle < ἵστημι.
ἀδείας: see Ch. 89.
κοιμᾶσθε: see Ch. 6.
ὑπάρχοντα = ὄντα.
διεσπάραξαν < διασπαράσσω, "tear to pieces."

Life of Aesop 91

ὑπεβάλοντο < ὑποβάλλομαι, "throw/place under oneself."
εἰκῇ: "rashly, heedlessly."

Chapter 98

πρὸς ἑαυτοὺς εἰρῆσθαι: "had been said to themselves, applied to themselves."
ἠγανάκτησεν < ἀγανακτέω, "be angry."
ἴδε: 2nd pers. sing. imperative (< εἶδον) = class. ἰδέ.
ὑποτάξαι < ὑποτάσσω, "arrange under, subject."
εἰ μὲν ἄνθρωπος: sc ἦν. Pres. contrafactual condition.
αἴνιγμα: "riddle." Kroisos means that Aesop is a walking riddle, as it were, for, on the basis of his looks, one cannot assign him to an established category of creature.
τέρας: see Ch. 30.
ἦγμαι < ἄγω.
αὐτοθελής: "self-willed, voluntarily."
παραχρῆμα = αἰφνιδίως, "suddenly."
ἐξυγιάζεται < ἐξυγιάζω, "heal thoroughly."
στοχαζόμενοι < στοχάζομαι, "guess, conjecture."
τελευτῶσιν < τελευτάω, here "die."
ἐροῦσιν < ἐρῶ = λέξω.

Chapter 99

δύνασαι...εἰπεῖν, "can you add something and relate a tale about the human condition?" That is, "can you add something to that, relating a tale...?" Parataxis, in which both clauses refer to the same idea, the first generally and the second particularly.
πενήτα < πένης, "poor man."
ἀπορούμενον < ἀπορέω (+ gen.), "be at a loss (for something), be in want (of something)."
ἀκρίδας < ἀκρίς, "locust, cicada."
τερετιστρίας < τερετιστρία (< τερετίζω, "whistle"), "chirruper" (LSJ Suppl.).
ταριχεύειν: see Ch. 54.
φανερῆς τιμῆς: "at a fixed price."
πιάσας < πιάζω = πιέζω, "seize." (Class. Greek πιέζω = "squeeze, press tight.")
στάχυν < στάχυς, "ear" (of a cereal plant).
ἀκρεμόνα < ἀκρεμών, "branch, twig."
ἀνάπαυμα = ἀνάπαυσις (Ch. 6).

ἐρημίαι < ἐρημία, "wilderness."
γόνασιν < γόνυ, "knee."
ἐλέησον: see Ch. 5.
εὐπρεπής: "comely, good-looking."
ὄψεως < ὄψις, "appearance, looks."
κατά τινος, "against someone."
εὐτελεῖ < εὐτελής, "worthless."
φρενήρως: "with sound mind, sensible."
μερόπων < μέροπες, "human(s)." Poetic adj. and substantive used only in the plural.
ὠφελῶν < ὠφελέω, "be of service, benefit."

Chapter 100

αἴτησαι, aor. mid. imperative < αἰτέω, "ask."
καταλλάγηθι, aor. pass. imperative < καταλλάσσω; see Ch. 10.
ηὐχαρίστει < εὐχαριστέω, "give thanks, thank."
συγγραψάμενος < συγγράφω, "compose (a work in writing)," referring usually to a work in prose.
τοὺς ἰδίους λόγους καὶ μύθους: Fables are referred to indifferently in Greek as λόγοι or μῦθοι. The implication of the present statement is that later compilations of Aesopic fables derive ultimately from the written collection made by the fabulist himself on this occasion; however, no evidence exists for such a collection, and "Aesopic" ordinarily signifies fables in the manner of Aesop rather than fables deriving from a book composed by Aesop.
ἄχρι καὶ νῦν: "even up to now."
βιβλιοθήκην < βιβλιοθήκη, "library."
ἔνθα: "where" i.e., "in which."
συστησάμενος < συνίστημι.
ἀνέγνω < ἀναγι(γ)νώσκω, "read."
ἐψηφίσαντο < ψηφίζομαι, "vote."
ἐνηλλαγμένος < ἐναλλάσσω, "exchange, give in exchange," referring presumably to their trading Aesop for the king's friendship. ἦν ἐνηλλαγμένος is periphrastic plupf.
αὐτὸν μνημόσυνον, "himself as a memorial." In his moment of triumph Aesop constructs a temple for his divine benefactors, the Muses (though not for Isis), including an image of some kind, such as a statuary group. In their midst he places a representative

Life of Aesop 93

of himself rather than of Apollo, who is sometimes portrayed as
   the leader of the Muses. Apollo is offended by the slight.
ὠργίσθη < ὀργίζομαι (+ dat.), "grow/be angry (at someone)."
ὡς τῷ Μαρσύᾳ, refers to the myth of the musical contest between
   the god Apollo and the satyr Marsyas, a lowly, unsightly being
   who incurred the anger of the Olympian for his presumption, as
   does Aesop.

Chapters 124-142 Aesop in Delphi

Aesop attains international renown as a sage and in particular enjoys
great success at the court of the king in Babylon, from whom he now
takes his leave.

Chapter 124

ἀπετάξατο < ἀποτάσσομαι; see Ch. 27.
Δελφούς < Δελφοί, (1) "Delphi" (town), (2) "Delphians"
   (inhabitants).
ὀμόσας < ὄμνυμι, "swear, affirm by oath." A pres. inf. follows,
   whereas class. Greek ordinarily employs a fut. inf..
ὑποστρέφειν: see ὑποστρέψας Ch. 49.
βιῶσαι < βιόω, "live, pass one's life."
ἐπεδείκνυτο: impf. < ἐπιδείκνυμι, "display, show off."
ἠκροῶντο < ἀκροάομαι, "hearken, listen" (to someone [gen.] or
   something [acc.]).
τὸ κατ' ἀρχάς: "at first, in the beginning."
παρεῖχον < παρέχω, "provide." The Delphians, losing interest in
   Aesop's oratorical displays, do not compensate him for his efforts.
λαχάνοις < λάχανον; see Ch. 4.
ὁμόχροας < ὁμόχροος, "having the same complexion or color."
οἵη περ φυλλῶν γενεή, τοίη δὲ καὶ ἀνδρῶν: "just as (sc. is) the
   generation of leaves, so also (sc. is) that of men." This famous
   verse comes from Homer's *Iliad* (6.146).

Chapter 125

προσκρούσας < προσκρούω, "strike against." Used metaphorically.
διαστήματος < διάστημα, "interval, distance."
δοκοῦμέν τι ἄξιον εἶναι: "we think it's something of worth."
   Personal construction of δοκέω = "think, suppose."
ἐγγίσαντες < ἐγγίζω, "draw near, approach."
ηὕραμεν < εὑρίσκω, mixed aor.

ὑπάρχων: see Ch. 97 (ὑπάρχοντα).
κατεπλησσόμην < καταπλήσσω, "amaze"; in pass. with acc., "be amazed (at someone/thing)."
ἥττονας: "worse" (sc. ὄντας).
πεπλάνημαι < πλανάομαι, "wander (cf. Ch. 4), i.e., "err, be mistaken."
διάνοιαν < διάνοια, "thought."

Chapter 126
λαφύρων < λάφυρα (n. pl.), "spoils."
οἷον: "for instance."
γεννηθέντες < γεννάω, "beget, bring forth."
δεδεμένοις < δέω, "bind, fetter."
ἐκεῖθεν...ὄντες: "being of such an origin."
καθεστήκατε: intrans. pf. (< καθίστημι), "have become, be."
ἀποδημίαν <αποδημία, "going/being abroad"; here, "departure."

Chapter 127
τὸ κακόλογον: "abusive speech, reviling" (<κακόλογος).
ἀφῶμεν, aor. subj. < ἀφίημι (+ acc. + inf.), "permit (someone to do something)."
πλεῖον ἀτιμοτέρους: double-comparative construction (see Ch. 96).
ἀνελεῖν < ἀναιρέω, "kill."
μηνίοντος <μηνίω, "be wrothful, be in a prolonged state of anger."
ἑαυτόν = Ἀπόλλωνα, or rather an image of the god such as a statue.
καθίδρυσεν < καθιδρύω, "consecrate, dedicate"; refers to the event recounted in Ch. 100.
πανοῦργον < πανοῦργος, "villainous."
παρεπιδημοῦντες < παρεπιδημέω, "travel as a stranger in a place."
παρατηρησάμενοι < παρατηρέω, "watch/observe closely."
ἀφυπνωκότα < ἀφυπνόω, "fall asleep."
σκεύη < σκεῦος; n. pl. = "equipment, luggage."
ἱεροῦ < ἱερόν, "temple."
φιάλην < φιάλη, "bowl." The Delphians employ against Aesop the same trick that the Hebrew Joseph employs against his brothers (Genesis 44).
ἀγνοῶν < ἀγνοέω: see Ch. 28.
ὤδευεν < ὁδεύω, "travel."

Life of Aesop   95

Chapter 128
βοῶντος αὐτοῦ: gen. absolute in a sentence that, strictly speaking, lacks an independent clause.
μηδὲν ἑαυτῷ συνειδώς < ἐμαυτῷ συνοῖδα, "know with myself," i.e., "be conscious/aware" (of something, + acc.).
ἀπολέσθαι: see Ch. 50 (ἀπόλεσον).
εἰς ἐμέ: probably = ἐν τοῖς ἐμοῖς.
ἐκτινάξαντες <ἐκτινάσσω, "shake out."
παραδειγματίζοντες < παραδειγματίζω (+ acc.), "make an example (of someone)."
συγκεκρυφέναι < συγκρύπτω, "conceal completely."
ἠρώτα: see Ch. 33 (ἠρώτησεν).
ἐνέκλεισαν < ἐγκλείω, "shut in, confine."
τιμωροῦντες < τιμωρέω (+ acc.), "take vengeance (upon someone)."
τὸ μέλλον: "the future."

Chapter 129
παραγεναμέου δὲ φίλου...εἰσῆλθεν: another loosely-constructed gen. absolute (Host. 97), in that Aesop's friend is the subject of the absolute clause as well as of the principal clause.
παρακαλέσαντος < παρακαλέω, "beseech, entreat."
λόγον: that is, a fable.
κατορύξασα < κατορύσσω, "dig down," i.e., "bury in the earth."
μνῆμα: "monument," referring to her husband's gravesite.
λύπῃ συνεχομένη: "gripped with grief."
ἀροτριῶν < ἀροτριάω = ἀρόω, "plow."
συγγενέσθαι < συγί(γ)νομαι (+ dat.), "be together, come together (with someone)," here is a sexual sense. So also συνεγίνετο below.
ἑστῶτας: see Ch. 24 (ἑστώς).
προσποιούμενος: "pretending, in pretense."
παυσαμένης δὲ ἐκείνης, ἐπύθετο: a third loosely-constructed gen. absolute.
ἀροτρεύς = ἀροτήρ, "plower, plowman."
κλαύσω, aor. subj. < κλαίω.
κουφίζομαι: see Ch. 48.
ἐστέρημαι, pf. pass. < στερέω (+ gen.), "deprive (of someone/thing)."
κἀγώ: crasis for καὶ ἐγώ.
ἀποσείω: "shake off."

περιεπέσαμεν < περιπίπτω (+ dat.), "fall into (something)," usually something undesirable.
τί ὅτι: "why is it that...?"
ἐπιγινώσκομεν < ἐπιγι(γ)νώσκω, "acknowledge, get to know."
ὡς ἄνδρα: "as a husband."
ἐν ὅσῳ: "while."
ἀπήλασεν < ἀπελαύνω, "drive away."
μὴ εὑρὼν αὐτοῦ τοὺς βόας = class. οὐχ εὑρὼν τοὺς ἑαυτοῦ βόας.
ἐκ ψυχῆς: opposite of προσποιούμενος, above.
ὀδυρόμενος < ὀδύρομαι, "lament, bewail."
ἀνέκραγεν < ἀνακράζω; see Ch. 63.
ἄρτι: "just now, now."
ἔχω (+ inf.): "be able (to do something)."
κόψασθαι < κόπτομαι (< κόπτω, "strike"), "beat one's breast in grief, mourn" (that is, beat oneself). Greek fables often conclude with a summary observation uttered by the principal character.
ὥστε καὶ σύ: Aesop relates the fable to the real-life situation that called it forth.
κατολοφύρομαι: "bewail."

Chapter 130
ὑβρίζειν < ὑβρίζω, "insult."
καὶ ταῦτα: "and (to do) this..." The expression καὶ ταῦτα adds a circumstance that heightens the force of what has already been said (LSJ).
ὄντος σοῦ: loosely-constructed gen. absolute (Host. 97). The speaker refers to Aesop in the dative (σοι) earlier in the sentence.
τὸ φιλόλογον: "learning."
προτέτακεν < προτείνω (+ acc. + dat.), "hold out, offer"; pf. for aor.

Chapter 131
καὶ δή ποτε: "and in particular (καὶ δή) one day (ποτε)."
ἐπαύλεως < ἔπαυλις, "farmhouse."
ὄνον < ὄνος, "ass, donkey."
βιαζομένην < βιάζω, "constrain, force," used here in a sexual sense. The gender of the participle indicates that the donkey is a jenny (female).
ἀναμνησθεῖσα < ἀναμιμνήσκομαι (+ gen.), "remember, recall (something)."

Life of Aesop 97

ἔνθες, aor. imperative < ἐντίθημι.
οἴφειν < οἴφω, "mount, copulate with."
ἠρνεῖτο, imperf. mid. < ἀρνέω; see Ch. 50.
ἀχαριστότερον < ἄχαρις, "thankless."
μὴ λόγον ἔχῃς: "don't be concerned (sc. about that)."
καὶ ἡ μήτηρ μου = ἡ γὰρ μήτηρ μου.
εὐχαριστήσει < εὐχαριστέω (+ dat.), "be thankful (to)."
διεπαρθενεύσατο, aor. mid. < διαπαρθενεύω, "deflower a maiden."
περιχαρής: "exceedingly glad, thrilled."
δραμοῦσα, aor. participle < τρέχω, "run."
ἔσχες, 2nd aor. < ἔχω. The aor. (ἔσχον) is regularly ingressive ("got, acquired"), whereas the imperfect (εἶχον) denotes a state ("had").
ἐξηγήσατο < ἐξηγέομαι, "relate, explain."
πυρρόν < πυρρός, "reddish."
νευρῶδες < νευρώδης, "sinewy."
ἔξω ἔσω: "in and out." ἔσω = εἴσω.
ἀπώλεσας < ἀπόλλυμι, "destroy, lose."
ὁμοίως καὶ ἐμοί: the application of the fable to the present situation. Cf. ὥστε καὶ σύ (Ch. 129).
συνέβη < συμβαίνω, "happen, occur."
ἀφίστατο (< ἀφίστημι), "stood apart from, departed."

Chapter 132
κρημνοῦ < κρημνός, "cliff."
βληθῆναι < βάλλω.
ἐψηφίσαμεν < ψηφίζω, "vote."
ἀνελεῖν: see Ch. 127.
ἱερόσυλον < ἱερόσυλος, "temple-robber."
βλάσφημον < βλάσφημος, "slanderous, blasphemous." Used as a substantive.
ταφῆς < ταφή, "burial."
ἀξιωθῆς < ἀξιόω (+ gen.), "deem worthy (of something)."
ἑτοίμασαι, aor. mid. imperative < ἑτοιμάζω, "make, get ready, prepare."
ἀπειλουμένους < ἀπειλέω, "threaten."
ἐπέτρεψαν < ἐπιτρέπω, "permit, allow."

Chapter 133
ὁμόφωνα < ὁμόφωνος, "speaking the same language."
μῦς: "mouse."

φιλιάσας < φιλιάζω, "become friends with" (Soph.)
βατράχῳ < βάτραχος, "frog."
ἐκάλεσεν: see Ch. 44.
ταμεῖον: "storage-place," here "pantry."
ἄρτος, κρέας, τυρός: "bread," "meat," "cheese."
ἐλαῖαι < ἐλαία, "olive."
ἰσχάδες < ἰσχάς, "dried fig."
ληφθείς < λαμβάνω, "take, receive"; here "received (as a guest)."
λίμνην < λίμνη, "pool, marsh, lake." Any body of standing water.
κολύμβησον < κολυμβάω, "swim."
λίνῳ < λίνον, "thread, string, cord."
ἥλατο < ἅλλομαι, "leap."
ἔσυρεν < σύρω, "drag."
πνιγόμενος < πνίγω, "choke, strangle."
νεκρός: "dead."
ὤν: concessive participle.
ἐκδικήσω: see Ch. 50.
καταδύς < καταδύ(ν)ω, "go down, sink, plunge."
ἐπιπλέοντος < ἐπιπλέω, "sail upon"; here "float upon."
κόραξ: "raven."
καταφαγών < κατεσθίω; see Ch. 45.
ἐδράξατο < δράσσομαι; see Ch. 28.
μόρος: "fate, doom, death."
καρπίσονται < καρπίζω (+ acc.), "enjoy the fruits (of something)."

Chapter 134
κατέφυγεν < καταφεύγω, "flee for refuge."
ἠλέησαν: see Ch. 4 (ἐλεᾶν).
ἄκων: "unwilling."
συρόμενος < σύρω; see Ch. 133.
καταφρονεῖτε < καταφρονέω (+ gen. or acc.), "look down upon, despise (someone/ something)."
ἀπεγνωσμένην < ἀπογι(γ)νώσκω, "reject, disregard."

Chapter 135
λαγός: "hare."
κάνθαρον < κάνθαρος, "dung-beetle."
δεόμενος αὐτοῦ ὅπως αὐτὸν διασώσῃ = δεόμενος αὐτὸν διασῶσαι (Host. 89).
παραβλέπειν < παραβλέπω, "overlook, despise."

Life of Aesop 99

αἴτησιν < αἴτησις, "request."
κατορκώσας < κατορκόω = καθορκόω, "bind with an oath" (Perry Addenda 33).
σμικρότητα < σμικρότης = μικρότης, "smallness."
ῥαπίσας < ῥαπίζω, "strike, flog."
διασπαράξας < διασπαράσσω, "rend into pieces."

Chapter 136
ὀργισθείς < ὀργίζω, "make angry."
συνεπετάσθη < συμπέτομαι, "fly together with."
κατασκοπήσας < κατασοπέω, "spy out, reconnoiter."
νοσσιάν < νοσσιά = νεοσσιά, "nest, nest of young birds."
ἢν συστρέψας: periphrastic verb, equivalent to a plupf. συστρέψας < συστρέφω, here, "gather/put together."
ᾠά < ᾠόν, "egg."
συνέτριψεν < συντρίβω, "rub together, crush."
ἐδεινοπάθει < δεινοπαθέω, "complain loudly of sufferings."
ἐπὶ τὸ διασπαράξαι: purpose clause.
τοῦ...καιροῦ φθάσαντος: "the time (sc. for laying eggs) having arrived (sc. again)." On φθάνω see Ch. 29 (φθασάντων).
ἐγέννησεν: see Ch. 25 (ἐγγεννήθης).
ἐθρήνει < θρηνέω, "bewail, lament."
χόλον < χόλος, "anger, wrath."
σπανισθῇ < σπανίζω, "be rare, be few in number."

Chapter 137
τοῦ...καιροῦ ἐπιστάντος: equivalent to τοῦ καιροῦ φθάσαντος in the preceding chapter.
δυσφορῶν < δυσφορέω, "be angry/upset."
ἀφανῆ < ἀφανής, "unseen, invisible."
γόνατα < γονύ, "knee." ἐπὶ τὰ γόνατα: "onto the lap."
παρατίθεμαι: "deposit, commit."
ἐπιγνούς < ἐπιγι(γ)νώσκω, here, "observe."
πλήσας < πίμπλημι, "fill (acc.) full of (gen.)."
κόπρου < κόπρος (fem.), "dung."
περιεπέτατο < περιπέταμαι = περιπέτομαι, "fly around."
ἀνεπήδησεν < ἀναπηδάω; see Ch. 63.
κόλπῳ < κόλπος, "lap."
κατέαξεν < κατάγνυμι (trans.), "break into pieces."

Chapter 138

ἤσθετο: In class. Greek αἰσθάνομαι usually governs a participle in indirect discourse, not an infinitive.
ἠδικῆσθαι, pf. pass. inf. < ἀδικέω.
ἠσέβησεν < ἀσεβέω (+ εἰς), "behave impiously (towards)."
ἐξορκισθείς < ἐξορκίζω (+ acc., κατά + gen.), "adjure, charge (someone) under oath (by a particular deity)."
κολάσωμαι < κολάζω, "punish."

Chapter 139

ἔπειθε: conative impf.
καταλλαγῆναι: aor. passive inf.; see Ch. 10 (καταλλαγέντες).
μετέβαλε < μεταβάλλω, "change."
καιρόν: see Ch. 136.
κἂν εἰ = καὶ εἰ, "even if" (Smyth 1766, b).
ναός: "temple, shrine."
ἐνθυμήθητεὶ < ἐνθυμέομαι, "consider."
αἰδέσθητε < αἰδέομαι, "respect, show regard."
Δία Ξένιον < Ζεὺς Ξένιος, Zeus in his role as protector of persons in a host-guest relationship, including persons in a patron-suppliant relationship.

Chapter 140

ἀνασχόμενοι < ἀνέχομαι, "allow." The Delphians, unmoved, do not permit Aesop's punishment to be deferred.
ἔστησαν: transitive; see Ch. 90 (στῆσας).
παντοίως: "in every way."
ὁμιλῶ < ὁμιλέω, here, "speak."
γηράσας < γηράσκω, "grow old."
παρεκάλει τὰ ἑαυτοῦ τέκνα, ἕως οὗ ζῇ, ἀπελθεῖν αὐτὸν καὶ θεάσασθαι τὴν πόλιν: "he exhorted his children (sc. to arrange for him) to depart and see the town while he was (sc. still) alive."
οἱ...ἴδιοι: "his kinsmen," that is, τὰ τέκνα.
ἔζευξαν < ζεύγνυμι, "yoke."
χειμῶνος < χειμών, "storm."
σκότους < σκότος; see Ch. 5 (ἐν σκότει).
ἐπλανήθησαν: see Ch. 4 (πλανηθῆναι). Notice the pl. verb with the n. pl. ὀνάρια.
κρημνώδη < κρημνώδης, "precipitous."
ὅτι = ὥστε.

Life of Aesop 101

καταπτύστων: see Ch. 27.
ὡσαύτως: "in the same way." Introduces the application of the fable.
δυσφόρως ἔχω: "I find it hard to bear."
ἀξιολόγων < ἀξιόλογος, "worthy, important."
δουλαρίων < δουλάριον: dim. of δοῦλος, here expressing contempt.

Chapter 142
καταρασάμενος < καταράομαι, "call down curses upon, curse."
αὐτούς = τοὺς Δελφούς.
προστάτην < προστάτης, "leader."
μάρτυρα < μάρτυς, "witness." Here a predicate noun = "as witness."
ἐπακούσῃ < ἐπακούω, "listen to, hear."
μετήλλαξεν < μεταλλάσσω, "exchange"; here "give up."
λοιμῷ < λοιμός, "pestilence."
κατασχεθέντες, poetic 2nd aor. pass. participle < κατέχω, "hold, hold fast."
χρησμόν < χρησμός, "oracle, oracular message."
ἐξιλάσκεσθαι < ἐξιλάσκομαι, "propitiate."
μόρον: see Ch. 133.
ἐξεδίκησαν: see Ch. 50 (ἐκδικήσω).
γέννα: "descent, birth, origin."
Αἰσώπου γέννα...ἀποβίωσις: summary line, lending closure to the narrative.
ἀνατροφή: "education, upbringing." But in fact the narrative does not treat Aesop's early life. Perhaps an error for ἀναστροφή ("mode of life"), which appears in the title of the work.
προκοπή: "progress (on a journey)." Used metaphorically, "progress on life's journey."
τὰ μετ' εὐκολίας...δοκεῖ: sentiment added presumably by a scribe as a comment upon the foregoing narrative: "Things easily devised seem to many also to be easily despised."